JN250351

深沢敬次郎

県警警部補の犯罪社会学

悪いヤツらの事件白書

元就出版社

まえがき

人はさまざまな経験をしているが、それがプラスになることもあればマイナスになったりもする。マイナスと思っていたことが反省材料になり、プラスになることもある。知識は読書や映画やテレビなどで身につけることができるが、経験しないと理解できないことも少なくない。

十八歳のときに軍人を志願し、陸軍船舶特別幹部候補生隊に入隊した。海上挺進隊が発足すると全員が組み込まれ、ベニヤ板の小さな舟艇に二百五十キロの爆雷を搭載し、夜陰に乗じて敵の艦船に体当たりする訓練を受けて沖縄に派遣された。激しい砲爆撃によって舟艇が破壊されて出撃不能となり、上陸してきたアメリカ軍と戦って何度も死の危険に遭遇し、餓死寸前で捕虜となった。

収容所では旧日本軍の組織は作用せず、戦時中に部下をいじめた上官が仕返しされるのを目《ま》の当たりにした。体力が回復すると強制労働に従事して多くの将兵に接し、捕虜の意見を受け入れて上官に抗議する監視の兵隊もいた。キャッチボールの球を拾ってくれた巡視の将校がいたり、官舎の作業では片言の英語にジェスチャーを交えながら空軍司令官と話したこともあった。鉄柵に囲われた収容所の一年三か月の生活はとてつもなく長く感じられたが、アメリカ人と日本人の考え方の違いを知ることができた。

二十一歳の誕生日に復員して巡査になったが、日本国憲法が施行されたため法律や教科書は役に立たなくなっていた。潤いをもたらしてくれたのが大学教授の授業であり、法医学や考古学や英会話や倫理学などを学んだが、心理学の教授から「相手の立場に立ってものを考えなさい」と教えられた。

交番に勤務したがヤミ米の取り締りや職務質問が苦手であり、これで巡査が勤まるだろうかと思ってしまった。警察法が改正されて山の中の警察署に転勤になったとき辞めたくなり、父親に話したところ、「若いときにはいろいろ苦労しておくものだ」と諭されていやいやながら赴任した。

町には映画館も図書館もなく、娯楽施設は何一つなかったから退屈する時間を過ごした。気まぐれに読書会に入り、親しくなった会員にすすめられた一冊の本を読んだとき、全身が震えるほどの感動を覚えた。刑事になって町の人たちに接するようになり、囲碁を通じて労組の委員長と親しくなったり、小学校の先生のグループと浅間山に登ったりした。別荘の空き巣事件の捜査では著名な学者や作家の話を聞く機会に恵まれ、本の虜《とりこ》のようになって文庫本を手放すことができなくなっていた。

昭和二十七年に都市の警察署に転勤になって留置場の看守になったが、二人ずつの隔日勤務で休みはなかった。犯罪者や保護した者はぞんざいな取り扱いをされていたが、公職選挙法違反で収容された村長さんを呼び捨てにはできなかった。人によって差別してはならないことがわかり、それからはすべての人に「さん」をつけて呼ぶことにした。

鑑識や捜査内勤になったが、社会勉強がしたくなったので希望して交番勤務になった。上司から「交番の巡査は街頭の裁判官みたいなものである」といわれ、法令や常識を身につけることに心がけた。巡査部長に昇進すると交通事故の処理などにあたり、警部補に昇進して捜査係長になると、「私の人生は付録みたいなものだ」と考えて自分の道を歩くことにした。

捜査二課の係長になったとき顔面神経マヒになり、満足に休むことなく働き続けた身と心を休めたくなって早期に退職した。はっきりしたプログラムがなかったため、読書したり、テレビを見たり、ドライブするなどの毎日がつづいた。だんだんと物足りなさを覚えるようになり、日記帳やスクラップを整理しながら原稿を書き始めたが、三日坊主に終わることなくいつまでもつづいた。新聞に紹介されたことがきっかけになり、地元の出版社から出版すると、それが親本になって大手出版社の文庫本になった。

この『県警警部補の犯罪社会学』は、捜査係長のときのおもな事件と事故の記録である。犯罪は時代とともに変化しているが、三十年以上が経過した現在にあっても、犯罪の本質や犯罪者の心にそれほどの違いがあるとは思えない。

戦争や捕虜の体験がなかったり、読書をつづけることができなかったらマイペースの生き方ができなかったかもしれない。犯罪者はもちろんのこと、酔っぱらいやギャンブル依存症に陥《おちい》った人などから貴重な体験を聞かせてもらって反面教師にすることができた。

学校で勉強したり、読書などによって知識を身につけることはできるが、世の中には経験しないとわからないことが少なくないことを知った。仕事を通じて多くの人からさまざまなことを学び、考えながら捜査をしてきた捜査係長の物語として読んでいただけたら幸いです。

【県警警部補の犯罪社会学／もくじ】

第二章　**田園の警察署**

第三章　**都市の警察署**

第一章　山の中の警察署

一　妙義山中の白骨死体

警部補に昇進してM警察署の捜査係長となると、さまざまな事件や事故を処理することになった。国道十八号線と国鉄の信越本線が並行するように走っており、交通の難所といわれている碓氷《うすい》峠があり、交通の渋滞を緩和するためにバイパス工事がはじまっていた。当直勤務について碓氷峠で事故が発生すると、現場に到着するまでに一時間もかかることがあった。事故車両が道路をふさいでもレッカー車はすぐにはきてくれず、ジャッキーを利用して故障車両を持ち上げては倒し、少しずつ移動させて片側の通行を可能にした。町には救急車がなかったため、ときにはパトカーでけが人を県内や長野県内の病院に運ぶこともあった。

捜査係長はいつも所在を明らかにしておかなければならず、休日であっても山に登ること も川に釣りにいくこともできない。定期的に速度違反などの一斉取締りが実施されるため、刑事も制服に着替えて従事することがしばしばあった。

新緑の季節ともなると妙義山はにぎわいを見せるようになり、退庁時間になったとき、リュックサックを背負った若い男女の一団がどやどやと警察署の受付にやってきた。

何か異常事態の発生が予想されたが、その人たちの話によると、裏妙義山で白骨化した死体を発見したという。表妙義はT署とS署にまたがっていたが、裏妙義はすべてM署の管内になっており、その人たちに案内してもらいたかったが、すぐに東京に帰らなければならないという。

場所を特定するため大きな地図を広げ、パーティが歩いたコースを図示してもらうことにしたが、妙義山は初めてだという。裏妙義にくわしい警察官もいなかったから話はかみ合わず、どうしても場所を特定することができない。

山岳会員に聞いてもらうおうと思ったが、日曜日のために連絡がとれる者を見つけることができない。パーティには列車に乗れる時間ぎりぎりまで待ってもらい、引き続いて説明を求めた。

残りの時間が少なくなったとき、家族から連絡を受けたという若い山岳会員が飛び込むようにやってきた。彼は大きな地図を見ながら、この付近に大きな松がなかったか、岩にくぼみがなかったかどうか、一つ一つリーダーに質問していた。若い山岳会員には妙義山の情景が隅から隅まで頭に入っているらしく、わずかの時間で場所の特定ができた。

輸送車でパーティを駅まで送ったが、その間、山岳会員から現場の状況について説明を受けた。

「白骨死体が発見された場所へは、表妙義からも裏妙義からも登ることができますが、表妙義から行くと数十メートルのガケを降りなくてはならないんです。裏妙義のコースはややっこしくて説明してもわからず、表妙義から行くほうが分かりやすいと思います」

「警察官だけでも行けるような場所ですか」

「場所の見当はついていますが、裏と表妙義の二手に分かれた方がいいと思います。私は休みを取って手伝うことにしますし、もう一人の会員にも頼んで手伝ってもらうことにし、二手に分かれてわれわれが案内することにいたします」

ガケを降りたことがなかったからちょっぴり不安であったが、山岳会員が案内してくれるというのでホッとした。付け焼き刃のようなものであったが、家に帰ってから法医学や検視に関する本を読んで手落ちのないようにした。警察署には山登りに必要な用具や携帯品などの装備がなかったため、個人で整えざるを得なかった。

翌日、二人の山岳会員の応援を得て捜索を実施することにし、私と捜査主任が二手に分かれた。私の班は自動車で表妙義の中の岳神社の近くまでいき、くさりを伝わって山頂に出ると、そこは切り立ったような尾根になっていた。山岳会員は岩場を跳ねるように歩いていったが、私はおっかなびっくりであり、ときには四つんばいになるなどして二百メートルほど歩いた。山岳会員が立ち止まったが、そこはオーバーハング（傾斜が垂直以上の部分）になっているガケの上であり、ガケ下を見下ろしたときには足の震えを止めることができなかった。

山岳会員は携帯していったナイロンのザイルを木の根元にしばりつけ、ザイルを手にしながら降りるときの要領について説明をした。模範を示すかのようにザイルにつかまってするすると降りていったが、そのしぐさは猿が綱渡りでもしているように素早いものであった。しばらくするとガケの下から、白骨死体が見つかったぞ、という刑事の叫び声が聞こえてきた。

山岳会員から教えられたようにザイルを体に巻きつけ、右手と左手を徐々にずらせていったが、体にも両手にも力が入ってしまってスムーズに移動させることができない。山岳会員に下からアドバイスしてもらったが、オーバーハングになったところでどうしたらよいか迷ってしまった。足を伸ばしてガケに直角に当ててください、と言われたが、怖さと緊張が入り交じっていたから足を伸ばすことができない。

ガケの途中まできては降りるほかはなく、最後の抵抗を試みるかのように足を伸ばした。ザイルが巻きつけられているんだから心配はないんだ、と自分に言い聞かせ、かかとがガケから離れないようにじっとこらえていた。初めての経験とあっては簡単に実行することはできず、ぎこちない動作をくり返してだんだんと下に近づいていった。

白骨死体は岩場のくぼみにあったが、骨があちこちにばらばらになっていて原形をとどめていなかった。頭蓋骨の一部がわずかに原形をとどめていたが、足も腕も付近には見当たらず、年齢も性別もわからない。近くにナイロンの靴下があったので拾い上げると、ばらばらになっていた足の骨が入っていた。

死体が白骨化していたため、死亡の日時や原因を明らかにするのは困難であった。だまされて連れてこられないかぎり、殺人事件を想定することはできないが、自殺と決めつけることもできない。腐りきらずに残っていた着衣の一部により、中年の男性と判断することはできたし、付近の捜索によって睡眠薬の空き瓶を見つけることができた。

白骨があちこちに散らばっていたのは、動物の仕業かもしれず、現場の観察をしながらさまざまな推理を働かせた。たとえ身元がわからなくても、歯医者にかかったことのある人ならカルテによって身元を割り出すことも可能になる。散らばっていた白骨などを拾い集めて袋に詰めて検視を終えたが、もっとも頼りになったのが腐らずにのこっていた一枚の名刺であった。

署に戻って名刺にあった商社に電話すると、営業部に勤務していた中年の男とわかった。仕事の都合でたくさんの人に名刺を渡しているとのことであり、自殺したと思われる男にはまったく心当たりはないという。やむを得ず身元不詳の白骨死体として町役場に引き取ってもらい、引き続いて身元の確認に努めることにした。

家出人捜索願によって身元が判明することもあるが、永久にわからないかもしれない。この男が自殺したものと思われるが、その原因を明らかにすることはできないし、戸籍がどのようになるか気になった。

二　二つの誤届け

警察官も一般の公務員と同じように勤務時間が決められているが、なぜか署長より先に帰ることができなかった。捜査に出かけた刑事だって聞き込みに手間どったり、職務質問をするなどして定刻に署に戻ることは少ない。いつ、署長から命令や指示がくだされるかわからず、刑事の勤務は一定していない。

午後五時四十五分ごろ、多額の現金が盗まれたとの一一〇番通報があった。鑑識係をともなって現場に急ぐと、被害者はしょんぼりした表情でわれわれが到着するのを待っていた。現場を破壊しないようにし、庭で立ち話をしながら被害の状況を聞いた。

「私はA金融機関に勤めており、大家さんの小屋を借りて一人で自炊生活をしているのですが、帰ってきて札束を探したが見つからないんです。入口の輪カギをかけておいたのですが、いくら探しても見つからず盗まれたことに間違いありません」

庭にはいくつもの足跡があったため、それらを石膏で採取し、手袋をして入口から指紋の採取をこころみた。足跡のほとんどが被害者と大家さんの家族のものであったが、不明なものが一つだけあった。それは庭を通り過ぎていっただけであり、侵入した形跡はまったく見られず、犯人がどのように侵入したのかわからない。

実況見分をしているとき捜査から戻った刑事が駆けつけ、付近の聞き込みをしたが不審者が立ち回った様子は見られないという。入口に輪カギがかけられていたというし、ほかから侵入できる状態ではなく勘違いと思われた。

そこで被害者に一つの提案をした。

「どのように大金を保管していたのかわかりませんが、自分で探して見つからないとき、他人が探すと見つかることがあるんです。あなたが承諾してくれさえすれば、私たちが探すのを手伝ってもいいんですが」

「散らかしておりますが、それではお願いします」

衣装ケースやダンボール箱などを調べると、おとりの札束だけでなくエロ写真などが出てきた。新聞紙や広告に包んだ札束がいくつもあったが、ほとんどがおとりの札束であり、本物の札束は容易に見つからず、宝探しみたいになってしまった。

棚の上にあった新聞紙の包みを持ち上げたとき、少しばかり重みを感じたため本物かも知れないと思った。中にあったのは新聞紙で包まれた本物の札束であり、出てきたのは被害者が話していたのと同じ三つの百万円の札束であった。

被害者の顔は急に明るいものとなった。

「お騒がせをしてほんとうに申しわけありませんでした。赤い広告に包んだものとばかり思っていたものだから、この新聞紙の包みを調べなかったのです」

本物の札束を見つけることができたため、誤届けということがはっきりした。盗まれないために隠す場所を変えたり、おとりの札束をいくつもつくっていたため、このような錯覚を起こしたことがわかった。

男のうれしそうな表情を見たとき、現ナマに魅力を感じている男の本心を知ることができた。若い刑事は男をたしなめていたが、貯金するかどうかは個人の問題であり、そのことに口を差しはさむことはできなかった。人は経験することによって学ぶことができるため、男なりの次善策を考えるに違いない。

それから一か月ほどしたとき、一人暮らしの老婆からたくさんの株券が盗まれたとの届け出が駐在所にあった。駐在所の巡査の話によると、正常な判断をすることができないから盗まれたかどうかわからないという。

　大量の株券の盗難となれば重大な犯罪であり、刑事と鑑識係をともなって現場へ急行した。資産家だった夫は病死してから五年が経過しており、大きな家に一人で暮らしているが、二人の子どもは都内で生活しているため、めったに見えないという。

　二階建ての古い建物は障子の立て付けが悪くなっており、部屋の中は乱雑であった。どこに株券をしまったのか、どこの会社の株券か覚えていないといい、都内の息子さんに電話をしたが留守らしく通じない。

　被害者がどのような貴重品を持っており、どこに保管しておくのか見当もつかない。金庫内にはたくさんの書類があったが、株券もなければ現金も見当たらない。戸棚や押し入れなどつぎつぎに探し、個人の秘密に触れたりもしたが、恥ずかしいと思うような素振りは見られなかった。正常であるか異常であるかわからず、黙々と探しつづけたがどうしても株券を見つけることができない。

　勘違いのように思われたので念を押すと、盗まれたのに間違いないといい、探す場所がなくなってしまった。老婆がどのような暮らしをしているか見当がついたため、東京にいる息子さんに電話すると、今度は通じた。

「母親の物忘れがひどくなったので引き取ろうと思ったのですが、どうしても東京はいやだというのです。何か起きなければと気にしていたのですが、株券や貴重品は私が預かっているので母親に伝えてくれませんか」

「あなたから直接話してくれませんか」

息子さんが母親に話をすると納得したため、それで済むものと思った。帰ろうとすると、すぐに株券が盗まれたと言い出したため、通常でないことがわかった。ふたたび息子さんに電話をしてその旨を伝えると、引き取ることにしますと言ったが、どのようになるかわからない。

三　刑務所志願者

世の中には刑罰を恐れ、刑務所に入りたくないために罪を犯さない人は少なくない。窃盗や詐欺などの常習者になると、シャバと刑務所を往復しているような者がいるが、ほとんどが無職である。寝泊まりするにも食べるにも困ってしまい、生きるために盗みをしたり、だましたりする者がいる。刑務所には凶悪な犯人もいればこそ泥みたいな者もおり、千差万別であるが、刑期が満了になれば出所させられる。

働く気のない中年の男が刑務所から出てきたが、わずかな所持金を使い果たしてしまった。生きるために無銭飲食をせざるを得なくなり、身だしなみを整えるために最初に理髪店を訪れた。

「こんにちは」

「いらっしゃいませ」

主人はいすに座らせて調髪をはじめたが、どこのだれかわからないために質問をした。

「お客さんは、どちらの方ですか」

「刑務所を出たばかりであり、金を持っていないんだよ」

いきなりこのように言われたため、主人はびっくりしてしまった。

「金がないのにどうして入ってきたんですか」

「のどが乾いたのでお茶を飲ませてもらおうと思ったんだ。どうぞというから座ったが、おれが頼んだわけじゃないんだ」

このようなことは主人にとって初めてのことであった。どのように執り成したらよいかわからず、どきどきしながら調髪をつづけざるを得なかった。

代金の請求をあきらめ、一刻も早く店から出てもらいたかったが、どっかりといすに腰をおろした。

「お茶をくれないか」

主人の気持ちとは裏腹にこのような要求をしてきた。お茶を出すと、今度はお菓子の要求であったが、恐ろしさのあまり断ることができない。お茶を飲んでお菓子を食べ終わると、ゆっくりと腰をあげたが、その時間がとてつもなく長く感じられたという。

「ごちそうさま」

脅迫的な言葉はなかったし、調髪代だけで大騒ぎすることもできず、泣き寝入りせざるを得なかった。

つぎに入ったのが、理髪店の前にあった飲食店であった。

「酒を一本つけてくれないか」

男はうまそうに酒に飲み終えると、もう一本、追加注文をした。

時間をかけて飲み終えると、こんどは定食の注文であった。うまそうに食べていたが、食べ終わると、ごちそうさま、と言ったまま店を出ようとした。

「お客さん、まだ代金をいただいていないんですが」

「金なんか持っていないよ」

「それじゃ、初めから無銭飲食をするつもりだったんですか」

「おれは一週間前に刑務所を出たばかりなんだよ。金を使い果たしてしまったから支払うことはできないんだ。無銭飲食をしたことは間違いないんだから警察を呼ぶなりなんでもしてくれよ」

男に居直られてしまったが、二千円に満たない金額とあっては届け出を躊躇《ちゅうちょ》せざるを得なかった。警察への通報をためらっていたが、このまま放っておいたら被害者が増えるものと思い、勇気をふるって一一〇番通報をした。

パトカーがやってきた。

「無銭飲食をしたということだが、それに間違いないんですか」

「おれは逃げも隠れもしないよ。金がないから支払うことができないだけなんだ」

男はこのように言ったが、どうして無銭飲食をしたか話そうとはしない。現行犯逮捕して本署に連行されてきたため取り調べをした。

犯罪歴の有無を照会すると詐欺の前科が四つもあったが、いずれも無銭飲食で十日前に出所していたことがわかった。本籍や氏名や生年月日がわかったが、学歴や経歴や家族関係についてはまったく話そうとしない。

本籍にいる兄に電話をすると、十数年以上も前に家を飛び出してから一度も会っていないし、捕まったときに警察から連絡があるだけですと言った。それ以前はまじめに働いていたが、どうしてぐれたのかわからないという。

無銭飲食をしたことは素直に認めたが、その動機については話そうとはしない。どうして家を飛び出し、どんな生活をしてきたのか、本人が語らないとあっては明らかにすることができない。取り調べられることがおっくうらしく、何を尋ねても返事をしないため、刑務所を出てからの足取りはわからない。

留置場に収容することにしたが、看守係がいないため二人の駐在巡査が呼び出された。留置場に入るときにも表情に変化が見られなかったが、近くの食堂から届けてもらった食事を見るとほほがゆるんだ。

「魚は好きですか」

「うん」

「刑務所の食事はどうですか」

「うん、うまいよ」

このように返事をしたものの、過去のことを忘れてしまったかのように何を尋ねても話そうとしない。すべての感情を失われているみたいであったが、一時的な現象なのか、男の性分なのかわからない。

翌日も取り調べがつづいたが、雑談にも応じることはなく、新たな進展を見せることはなかった。新聞も読まないし、テレビを見ることもなく、いままでに選挙の投票にいったことはないというが、このようなタイプの人は数少ない。留置場に収容されても苦にならないらしかったが、ことによると刑務所もふるさとのように思えるのかもしれない。

逮捕して二日目に身柄がM地方検察庁T支部に送られ、検事さんの取り調べを受けた後、勾留請求となって十日間の勾留状が発せられて拘置所に移された。

検事さんが起訴したために公判が開かれ、短期間に判決が下されて懲役十か月の実刑となった。この男はシャバと刑務所を往復しているみたいであり、そのために生活に困ることはないらしい。

四　夜間の山岳遭難救助

新緑や紅葉の季節ともなると、妙義山にはたくさんのハイカーがやってくる。それほど高い山ではないが、奇岩がそびえていて断崖もあるために遭難や転落事故が発生したりする。遭難場所がはっきりしないとM署だけでなく、T署やS署でも出動することもあったが、裏妙義はすべてM署の管内になっていた。

警察署からも宿舎からも目の前の妙義山を眺めることができたため、少しずつ季節が移り変わっていくのがわかった。妙義山は学校の遠足で登ったことがあったし、山の中の警察署に勤務していたとき浅間山に登ったり、犯人を追って白根の山を越えたことがあった。妙義山に登りたい願望はあっても、自由に行動することができないのは捜査係長の宿命みたいなものであった。

きょうの休日は自宅待機になっており、朝から読書をしたりテレビを見るなどして過ごした。夕食をとろうとしていたときに電話のベルが鳴った。数人の男女が丁須《ちょうす》の頭《かしら》の付近で遭難しているからすぐに出署してください、との呼び出しであった。山登りができる服装に着替えて握り飯や水筒を持参して出かけると、呼び出しを受けた署員がぞくぞくと集まってきた。夕食を済ませた者もいれば、アルコールの匂いをさせている者などさまざまであり、だれもが山登りに適しているわけではなかった。

谷川岳では山岳警備隊が組織されているが、M署にあっては山登りを経験した者が少なかった。年齢もまちまちであったが、私が責任者として遭難の救助に当たることになり、十人の救助隊を組織してリーダーが待っているという登山口に向かった。

「私たちは東京のS社の登山愛好家ですが、妙義山にやってきたのは初めてです。地図を頼りにして裏妙義から登ったのですが、道を間違えたために時間がかかって暗くなってしまったのです。懐中電灯を持っている者がいないため身動きができなくなり、救助を求めるために私が一人で山から降りてきたのです」

若い男女のパーティは七人とのことであったが、リーダーだって登山の経験が充分ではないようだった。暗がりの中を手探り状態で下山したというから、救助のためにどのようなコースをとったらよいかわからない。

パーティの服装はピクニックに出かけるような軽装だというし、薄着をしていたからリーダーは歩きながら震えていた。案内役のリーダーが懐中電灯を所持していなかったため、私がリーダーの足下まで照らさなければならず、私の行動だって不自由なものになってしまった。

　初めのうちは元気がよかった警察官も、岩場にやってくるとばてる者が出るようになった。下山のときのことを考えていくつかの地点を確認していったが、念のためにばて気味の警察官を連絡要員として要所に待機させることにした。

　岩によじ登るときには両手を使わなければならなかった。懐中電灯をポケットに入れたり、他の警察官に足下を照らしてもらうなどしたり、ときどき大きな声で呼びかけるなどした。こだまする声だけが谷間にひびき、パーティーの人たちの声を聞くことはできなかった。だれもが疲れてきたが、この先どれほど登るのか見当がつかず、いつの間にか話し声も聞かれなくなっていた。

　道を間違えたことも考えられたため、そのことをリーダーに尋ねたが自信のない返事であった。不安を抱きながらすすんでいくと、リーダーの不安はさらに増し、みんなの足取りも重くなってきた。

　日中の気温はかなり高かったが、暗くなってからの気温はかなり下がっていた。登るにつれて冷え込みがきつくなったが、私は山登りの準備をしてきたからそれほどには感じなかった。一刻も早く救助してやりたいと思っても、コースを間違えた疑いがあったからスピードが鈍くなってきた。

　登山計画についてリーダーに尋ねた。

「けさの六時に上野発でやってきて横川で下車し、裏妙義に登ったのです。簡単に登ることができると思って軽装でやってきたのですが、途中で暗くなってしまい、懐中電灯もなかったからどうすることもできなかったのです」

リーダーの話を聞いているうちに、遭難するのは当たり前のような気がしたが、迷ってからのリーダーの措置は賢明といえそうだ。あちこち動き回れば体力を消耗するだけでなく、より迷路に入り込むケースが多いからである。

ふたたび大きな声で呼びかけると、どこからか声が聞こえてきた。遭難している人たちに近づいていることは確かであり、呼びかけながら登っていくと、その声が谷間の向こうから聞こえていることがわかった。

いったん登った道を引き返し、沢を渡って尾根に出たが、それだって間違っていないという保証はなかった。声がする方向にすすんでいくと、だんだんと声がはっきりと聞こえるようになり、今度は間違いなさそうだ。

懐中電灯によって確認できるほど近づいたとき、涙を浮かべている女性のいることがわかった。その場で小休止をすることにし、握り飯を取り出して渡したり、水筒の水をあげるなどするとみんなが落ち着いてきたようだ。

みんなが小休止していたとき、私は星空を眺めていた。町の中で見る星空と変わりはないはずであったが、思いがけない星空の観察ができたため心が弾んでいた。軍隊に入ったとき星座の勉強をしたが、それが役立ってすぐに北斗七星とオリオン星座や北極星を見つけることができた。地球も星座も静止しているように見えたが、時間はゆっくりと動いており、わずかの小休止をしただけで出発となった。

山を下るときは、みんなの足下を照らさなければならなかった。岩場が多かったからだれの足取りも慎重にならざるを得なくなっていたが、東京まで帰るパーティーはさかんに最終列車の時刻を気にしていた。時間との戦いみたいになっており、そのことも計算しなければならなかったが、輸送車に乗り込んで最終電車に間に合うことがわかると雑談になっていた。疲れてしまったとか、腹が空いたとの声が聞こえてきたが、私のまぶたにはいつまでも美しい星座が焼きついていた。

五　ウソ発見器に降参した犯人

金庫内の大金が紛失したとの届け出があった。関係者から事情を聞いても、盗難なのか業務上横領なのかはっきりしない。実況見分をしても外部から侵入した形跡はまったく見られず、内部の犯行の疑いが濃厚になってきた。

従業員の多くが金庫に触れることができる状況にあり、指紋から犯人を割り出すのは困難であった。十数人の従業員に疑いがかけられたまま捜査がつづけられたが、どうしても決定的な資料を得ることができなかった。

進展が見られなくなったとき社長さんから、「ウソ発見器にかけたらわかるんじゃないですか」と言われた。ウソ発見器だって絶対的なものではなかったが、どれほどの効果があるか試すことにした。

ウソ発見器にかけるには、本人の承諾を得なければならなかった。警察が前面に立つと強制したととられかねないし、社長さんが指示しても反対がしにくいという事情があった。社長さんと従業員の間でどのような話し合いがなされたかわからないが、全員が承諾書にサインしたために実施されることになった。

ウソ発見器はポリグラフともいい、皮膚の電気抵抗の変化や呼吸および血圧の変化を測定し、人間の内面にひそむ心の動きをとらえる作業であるといわれている。すなわち、犯罪者が自分の罪の発覚を恐れてウソを言ったとき、呼吸が乱れたり、血圧の変化をきたしたり、ときには冷汗をかいたりもする。これらを測定しながら記録していくことにより、ウソをついているかどうかがわかる心理検査だという。

ポリグラフが成功するかどうかのカギは、質問事項にあるといわれている。真犯人でなければ知ることのできない質問事項が設定されたが、事件のくわしい内容は検査官には知らされていない。

検査には静かな場所が必要なため、二階の会議室が使用されることになった。検査官はいくつかの質問事項の設定を済ませ、検査を受ける人たちにポリグラフについて説明をした。

「これからポリグラフの検査をはじめますが、その前に簡単なテストをしたいと思っています。奇術などで行なわれているようなやり方ですが、だれかにカードを引いてもらってそれを当てたいと思います」

検査官は希望者をつのったが手を上げる者は一人もいなかった。

「希望者がいないようですから、ここにいる警察官にやってもらうことにします。いくつかの質問事項を用意していますが、正しい答えがあってもすべて『いいえ』と答えてもらいたいのです。ここに六枚のカードがありますが、この中の五枚は正しく、一枚が間違っていることになるわけです。この違いがグラフに現れるから、どれが正しいかわかるのです。では、これからはじめることにいたします」

検査官はこのように説明してから若い警察官に質問をはじめた。

「あなたの覚えていたのは、このカードですね」

「いいえ」

「では、このカードですか」

「いいえ」

このようにして同じ質問がくり返され、すべてに『いいえ』と答えられ、最初のテストが終了した。

「あなたの覚えていたのは、ハートのクイーンですね」

「はい、その通りです」

「このようにウソ発見器によって見破ることができましたが、八百長と思っている者がいないともかぎらず、今度は従業員の中からテストをしたいと思います」

中年の男が手を上げたため、その者がテストを受けることになった。警察官のときと同じようにすべてに『いいえ』という答えがなされ、その者が覚えていたのがクローバーのエースであった。

いよいよ本番となったが、検査の直前になって不安をつのらせる者もおり、最初に検査を受けることになった若者から質問が飛び出した。

「私は何も悪いことはしていませんが、びくびくしたりすると、それがグラフに現れてしまうんじゃないですか」

「ポリグラフは正直であり、どんなに大胆な人でも気の弱い人であっても、それはまったく関係がありません。ウソ発見器といわれているように、ウソかどうか調べる器械であって、心臓が強いとか弱いということにはまったく関係がありません」

　検査官の前に座らせられた若い男の指に金属板が取りつけられ、呼吸脈を調べるために胸にチューブが巻きつけられた。質問事項は犯罪に関するものにしぼられており、答えの反応だけがポリグラフに現れるようになっていた。

　どんな反応が出るか、私はかたずをのみながら見守っていた。

　検査を受けたすべての人が、すべての質問に『いいえ』と答え、その日のポリグラフの検査を終えた。私は検査官からグラフを示されて説明を受けたが、二人が他の者と大きく異なっていることがわかった。一人は経理の担当者であり、もう一人はうわさに上っていた従業員であり、容疑があっても証拠になるというものではなかった。

　会社の休みの日に二人の任意出頭を求めて事情を聴いた。

「ポリグラフの検査の結果、あなたに容疑がかけられたのですが、何か思い当たることはありませんか」

「数年前のことですが、更衣室にあった同僚の上着のポケットにあったさいふから現金を盗んだことがありました」

　素直に答えていたからこの供述に間違いないものと思われたが、被害の届け出がなかったし、時効になっていると思われたので捜査の対象にしなかった。

もう一人のNさんからも事情を聴くことにした。

「この前は参考人として事情を聞きましたが、きょうは容疑者として事情を聴くことにいたします。先日のポリグラフの検査の結果では容疑があることになったのですが、何か思い当たることはありませんか」

「ポリグラフにどのように出たかわからないが、会社の金は盗んではいませんよ」

「だれもが同じように質問され、同じように答えているんですよ。どうしてNさんだけ疑われるようになったのか、そのことが知りたいんですよ」

「グラフにどのように出ようとも、やっていないんだからやっとは言えませんよ」

「検査官の質問にあなたが答え、呼吸や脈拍や血圧や発汗作用などがチューブを通じてグラフに現れているんですよ。他人にウソをつくことはだれにもできますが、自分にウソをつくことはできないことなんです」

ウソ発見器がすべてのウソを見抜けるわけではなく、緊張しているかどうかによって異なることがあるという。このためにウソをついていると断定することはできなかったが、何か考えているらしく黙ってしまった。

人は不利な状況に立たされると黙ってしまう傾向があるが、Nさんの沈黙が何を意味しているかわからない。

「何か答えられない理由があるんですか」

「徹底的に否認するつもりでいたが、ウソ発見器にはまいってしまったよ」

「どのようにまいったのですか」

「証拠がないからばれるとは思わなかったが、ウソ発見器に見抜かれたからだよ」

「どうして金庫の金に手をつけたんですか」

「住宅ローンの支払いに困るようになり、大勢の人が金庫に触れることができたからばれることはないと思ったんだよ」

金庫の大金が紛失した翌日に住宅ローンの支払いをしており、事実を裏づけることができた。人が人を調べると感情的になったりするが、ポリグラフの検査結果をただすことだけを心がけ、事務的に質問をしたために抵抗しにくかったのかもしれない。

六　酔っぱらいに録音テープ

酔っぱらいが通行人にからんでいる、との一一〇番通報があった。パトカーが現場に到着し、乗務員の巡査が制止しようとするとくってかかってきた。住所や氏名を尋ねても返事をしないし、身分を証明できるものは何一つない。

「住所と名前がわかれば送ってあげますよ」

「おれは何も悪いことはしちゃいねえよ。サツの世話にはなりたくないね」

「いつまでもだだをこねていると、保護するしかありませんね」

保護すると言われたとたん、警察官の悪態をつきはじめた。

「おい、おまわり、おれは警察官みたいにただ酒を飲んでいるんじゃないぞ。おれの金でおれが飲んでどこが悪いんだ」

「自動車にひかれても困るし、通行人だってからまれて迷惑をしているんですよ。保護されたくなかったら、住所と名前をおっしゃってくれませんか」

「おい、おれをだまそうと言うんか。おれは絶対にだまされないぞ」

「いつまでもあなたの相手をしているわけにはいかないんです。パトカーに乗りたくなくても、無理に連れていかなくてはならないようですね」

「てめえの名前は、なんと言うんだ」

「人の名前を尋ねる前に自分の名前をおっしゃったらどうですか」

「そんなに知りたければ、警察で調べればいいじゃないか」

酔っぱらっているとはいえ、納得させたうえで自宅に送り届けたかった。保護するとなれば二人の看守が必要になり、できることなら避けたかった。

酔っぱらいの悪態はますますひどくなり、若いパトカーの巡査もいらいらしはじめた。

「どうして名前が言えないんだ」

「言おうと言うまいと、おれの勝手じゃないか」

いつまでも押し問答がつづいたため、しびれを切らした巡査がいやがる酔っぱらいを無理やりにパトカーに押し込んだ。

本署にやってきてからも、パトカーの巡査との言い争いがつづいていた。

「ヒラじゃ話にならねえから署長を出せ」

「署長は不在だし、当直責任者の私が伺うことにしますが」

「てめえたちじゃ、話にならねえや」

留置場内の保護室で保護することもできたが、できることなら家族に引き取ってもらいたかった。どのように探りを入れても身分を明かそうとせず、警察の悪態がいつまでもつづいた。

「けさの新聞に、おまわりが強盗したことが出ていたな。このごろのおまわりは、油断もすきもあったもんじゃねえや。おれから金を取ろうとしたってその手には乗らないぞ」

酔っぱらいは平素から警察に反感を抱いているらしかったが、どのような職業の人か見当がつかない。酔っぱらいは言いたい放題のことを言っていたため、テープにとっておくことを考えついた。

酔っぱらいは警察の悪態をつくだけでなく、静止しようとした巡査につばをはきかけた。

「馬鹿野郎。つばをはきつけるとはなんだ」

「おれはつばをはいたんじゃないんだ。せきをしたらつばが飛んだんだ。どうして怒鳴るんだ。市民に親切にするのが警察じゃないのかね。馬鹿呼ばわりされたんじゃ黙っているわけにはいかねえや。人権蹂躙《じゅうりん》で訴えてやるぞ」

「人につばをはきつけておいて、なにが人権蹂躙だ」

「おい、若いくせに生意気を言うじゃねえか。おれたちの税金でお前たちを飼っているんだぞ。どうして税金を払っているおれを怒鳴ったりするんだ」

酔っぱらいはなおも暴れているため、若い巡査が取り押さえると両手両足をばたつかせて怒鳴った。

「どうして令状がないのに逮捕したんだ。特別公務員の職権乱用で訴えるぞ」

最後の抵抗を試みるかのように大声で怒鳴った。

小心な酔っぱらいほど大言壮語するといわれているが、そのような面が見られた。

「おれは、校長だぞ」

住所も名前も名乗ろうとしなかったが、いきなりこのようなこと言いだした。

「校長なら、校長らしくしたらどうなんだ」

若い巡査が負けずにこのように言ったが、どうしても住所と名前を言おうとしない。どのような説得も功をなさず、ついに酔っぱらいは保護されるはめになってしまった。保護するときにも強い抵抗を示していたが、横になるとすぐにいびきをかきはじめた。

翌朝、酔いからさめた校長先生は、目を覚ますと神妙な顔をしていた。住所や氏名を正直に答えたために奥さんに電話して迎えにきてもらった。きのうの大言壮語に似合わず、奥さんには頭が上がらなかったようだ。

「うちのおとうさんは、ふだんはおとなしいんですが、酒を飲むと人が変わってしまったみたいになってしまうんです」

「校長先生よ。奥さんもこのように言っているし、これからは少し酒を慎んだ方がいいんじゃないですか。人権蹂躙だと怒鳴ったりしていましたが、ゆうべのことはよく覚えていないようですね。このテープがお守りになって先生の酒乱が治るといいんですが、欲しければ差し上げますよ」

テープを手にした校長先生は、奥さんに文句を言われながら警察署を後にした。

正気のときと酔っぱらったときの落差は大きいが、酔っぱらったときに本音が出るといわれている。テープを受け取った先生が聞くかどうかわからないが、お守りの役目を果たすことを願うだけであった。

七　碓氷峠の山火事

山の中の集落で窃盗事件の捜査をしていたとき、けたたましくサイレンが鳴ったので火事の発生を知った。サイレンの音がする方向へ自動車を走らせると、一台の消防車が峠に向かったのでついていった。火災の現場は碓氷《うすい》湖の付近であり、発生して間がないらしく、火の勢いはそれほどでもなかった。一台の消防車が消火活動に当たっていたが、水がないために木の枝を折るなどして消火活動をしていた。ところが、どこからともなく吹いてきた風にあおられ、道路端の枯れ草から松の林に飛び火し、瞬く間に斜面をかけ上がって山頂に達してしまった。

サイレンを鳴らしながら、つぎつぎと消防自動車がやってきたが、そのときには手がつけられないような状態になっていた。木の枝を折るなどして目の前の消火に努めたり、ナタを持って山に入った消防手の姿が見えたりした。国道十八号線は全面的にストップになったため、交通整理の警察官は手持ち無沙汰になってしまった。

第一発見者の通行人は、最寄りの人家に立ち寄って山火事の発生を知らせたが、どこのだれかはわからない。私だって現場に到着するのが早いほうであり、どの付近から発火したか見当がついていたが、そこには発火するようなものはない。山火事の発生の原因の調査をしなければならなかったが、それは鎮火後ということになりそうだ。

以前、山菜採りの家族連れのたばこの火の不始末により、大きな山火事を起こしたことがあった。たばこの吸い殻の不始末による山火事は少なくないが、だれが捨てたのか捜し出すのは容易ではない。山火事が発生するたびに現場に急行して原因の調査をするけれど、いつも明らかにできるわけではなかった。

いつまでも国道十八号線をストップさせておくこともできず、道路上の危険がなくなったとき解除になった。数人の警察官によってふたたび交通整理がはじまったが、渋滞はしばらくつづいた。

山頂に達した火の勢いがどのようになったのか、国道からはまったく知ることができない。山に登った消防団員の話によると、さらに奥に火の手が延びており、予断できない状況だという。消火活動も思うようにならず、鎮火の見込みもないところから自衛隊の応援を得たらどうか、との意見が持ち上がった。

火は走るといわれているが、たしかに目の前で火が走るのを見た。道路を越えて松の林に飛び火したかと思うと、何秒という短時間に山頂に達してしまったのだ。数十メートルの幅で三百メートルほどの間のからまつが燃えてしまったが、犠牲者が出なかったのが何よりであった。

火災が発生したのは午後二時二十分ごろであり、夕刻になってようやく下火になってきた。山頂から戻ってきた消防団員の話によると、山頂まで延びていった火の勢いは、反対方向から吹き上げてきた風に行く手をはばまれて弱火になったという。もはや自衛隊の応援を求める必要がなくなり、地元の消防団と警察官のみを残して引き上げていった。

日はとっぷりと暮れてしまったが、ふたたび出火することも考えられたため、待機することになった。ときどきあちこちから火の手が上がったが、すぐに消えてしまうために大きくはならない。午後十一時を過ぎると火の気はまったく見られなくなり、一部の消防団員を残して引き上げることができた。

損害がどのくらいなのか見当もつかなかったが、山林に明るい人の話によると、一億円はくだらないという。二十年も三十年も育てたからまつなどが一瞬に燃えてしまっては、所有者には大きな痛手になったに違いない。いまだ原因はわからないが、だれかのちょっとした不注意でも大きな損害をもたらすことになる。

翌日、火災原因の調査をすることになった。この日の天候も昨日と同じように晴れ渡っていた。最初に出火場所と思われる付近の実況見分をしたが、日だまりになっているカーブの地点に立つと、汗ばむほどの暖かさになっていた。付近を入念に調べると、無数のたばこの吸い殻だけでなく、紙くずや空き箱などが捨ててあり、まるでごみ捨て場のようになっていた。風が吹き抜けない道路端のいたるところがこのような状態になっており、これらが危険の温床になっていることがわかった。

車内から吸い殻を投げ捨てるような人が、完全に消してから捨てているだろうか。たとえ火のついた吸い殻を捨てたとしても、天候によって大いに左右され、雨の日と晴れて乾燥している日とは大いに条件が異なってくる。空気が乾燥していたり、太陽が照りつけている日だまりであったり、燃えやすい紙くずや木の葉などの上に捨てられたら出火する危険が大きくなる。火災が発生した付近の実況見分をしたが、たばこの吸い殻以外の原因を見つけることはできなかった。

碓氷峠は、一日に数千台の車両が通行するといわれている。わずかの不心得者がいたとしても、たばこの吸い殻はかなりの量になるのではないか。出火の原因がたばこの吸い殻であると推定できても断定することはできず、さらに捜査をつづける必要があった。

自分の車を汚さないように気をつける人でも、吸い殻を道路上に投げ捨ててしまう人もいるが、他人に迷惑をかけないようにしてもらいたいものだ。たばこの吸い殻によって火災の危険が生じるだけでなく、観光地の美観だって損ねてしまうことにもなる。たばこの吸い殻で山火事になる確率は低くても、不心得者のちょっとした不注意によって大きな損害が発生してしまうことになる。

どのくらいの面積が消失しているか、どのくらいの損害があるか調べるため、山の中を歩き回った。消失した面積をはっきりさせることができないため、概略を図示したり、複数の山林の所有者から被害の状況を聞くなどした。このようにして捜査書類を作成することができたが、たばこの吸い殻を捨てたと思える人を捜し出すことは不可能に近いことであった。

八　検問を突破した自動車盗

長かった梅雨もあけて、暑い夏がやってきた。きょうの速度違反の取締りは午前十時から正午まで警察署前の国道十八号線で実施された。一部の刑事も制服でくわわったが、終了間際になったとき、大阪ナンバーの普通乗用車が停止の合図を無視して走り去った。パトカーで追跡すると、自動車を乗り捨てて山の中に逃げ込んだため非常召集がかけられ、犯人の追跡がはじめられた。

　放置された自動車は大阪府下で盗難の被害にあっていたことがわかった。自動車にはキーがついておらず、エンジンが直結になっていたが、車内には手がかりになるものがないために指紋の採取などをした。

　逃走した男は三十歳前後であり、やせ型で身長が一・七五メートルぐらいで水色の半袖のシャツを着ていた。町には有線放送の設備があり、早速、逃走している男の人相や着衣などを知らせて捜査の協力を依頼した。

　ただちに一人の女性から一報がもたらされ、しばらくすると同じ地区の男性からも通報があった。いずれも逃走した男の人相や着衣が合致しており、その地区を重点に捜索することにした。情報が途絶えて三十分ほど経過したとき、若い男が山の中から国道に向かっているとの電話があった。カーキ色の作業衣を着ていたが、逃走した男の人相に似ていたため変装したことが充分に考えられた。逃走先と思える国道の付近で身を潜めながら張り込んでいると、作業服を着た若い男が辺りに気を配りながら国道に出てきた。

　取り囲むようにして職務質問をし、住所や名前を尋ねたが何も答えようとしない。自動車を放置したことさえ認めようとしないため、パトカーの巡査による首実験がなされるとしぶしぶ認めた。放置された自動車が盗難車とわかったため、本署まで任意同行を求めたが応じようとしない。

「本署まできてくれないというし、運転免許証も見せられないとあってはますます疑われることになるんじゃないのかね。友達から借りてきたというんなら、自分から身を潔白にするようにしたらどうですか」

「どんなに疑われようと、おれは警察が嫌いなんだ。無理に連れていくというんなら逮捕状を見せてくれないか」

「悪いことをしない人でも、警察が嫌いだという人もいるよ。無理にきてくれとはいわないが、盗まれた自動車を運転していたことは間違いないことだし、免許証があるかどうか、それを確かめたいんだよ」

「運転免許はあるが持ってくるのを忘れただけなんだ」

「それでは、その作業服はどこで手に入れたのですか」

それには答えようとしなかったが、盗んだと思えてもすぐに確認することはできない。自動車を盗んだことを認めれば、その場で緊急逮捕も可能であったが、友達から借りてきたと主張していた。なおも職務質問をつづけると、たばこをくれと言い出したが、取り調べの公正さを疑われないために拒否した。

再三の要請によって任意同行に応ずることになり、住所と氏名を名乗った。偽名かもしれないと思って犯罪歴の照会をすると、「自動車盗」の前科があることがわかった。

「前科があるから盗んだとはいわないが、友達から借りたというんならカギがついていると思うんだよ。否認をするのも黙秘をつづけるのも自由だが、無免許であることがはっきりしたから逮捕状を請求することにするよ」

「それは勘弁してくれないか」

「なぜだね」

「自動車を盗んだことで再逮捕されたんじゃ、それだけ長くなってしまうよ」

「どのようにして自動車を盗んだか、話す気になったわけですか」

「公園の近くに自動車がとめてあったが、ほとんどがカギが掛っていたんだ。用意していった太い針金をつぶしてつくったカギを使い、片っ端からドアに差し込んで試すと開けることができたんだ。ペンチを使って直結にしてエンジンをかけ、途中で給油をしているよ」

　現行犯であればただちに逮捕が可能であったが、逃走してから二時間以上が経過していた。そのためにいままでの捜査経過を報告書にし、被疑者の自供調書を添えて署長に報告した。警部である次席によって逮捕状の請求がなされ、裁判官から逮捕状が発せられたため通常逮捕して取り調べをした。

　職務質問から逮捕にいたるまでさまざまな駆け引きがあったが、犯人は何をしゃべるのも自由であったが刑事には法令の制約があった。捜査には犯人と刑事の戦いみたいなところがあるが、それは知恵比べみたいなものであった。

九　ベントナイトで圧死

　ベントナイトという言葉を知ったのは、M警察署に赴任してからであった。どんなものか知らなかったし、あちこちに小さな採掘現場があり、地下から掘り出されていたが、何に利用されるのかもわからなかった。

採掘現場で中年の作業員が死亡したとの連絡があり、山の斜面に建てられた小さな事務所にいった。経営者に案内されて坑口に向かうと、入口に小さな荷台があった。体を支えることができたのは一本のロープだけであり、三人が乗り込むと大いに揺れ、坑口から漏れてくる明かりを頼りに降りていった。

三十メートルほどして止まると、外気とはかなりの温度差があることがわかった。経営者の話によると、年間の平均気温が二十度前後であるため、作業をするのに適しているという。

「こんな暗いところで話し相手もなく、退屈するようなことはないんですか」

ぶしつけな質問をしたことを悔いたが、取り消すことはできなかった。

「このような仕事に我慢できないような人は、すぐに辞めてしまいますよ。残っている人は何年も働いていますし、人を相手にしていないから感情的になることもないし、一人で働いていることが苦にならなくなるのです。いままでに小さな落盤はありましたが、人身事故につながることはなく、運が悪かったとしかいいようがありません」

調査しなければ原因がはっきりしないが、責任を回避したい気持ちがあったらしく、経営者はこんなことを言った。

照明器具を頼りにしてせまくて長い坑道をはうようにしてすすむと、十数分で事故現場に着いた。ぼうぜんと立ちつくしていた同僚の作業員の傍らには、死体が仰向けになって横たわっていた。いつものように合掌をしてから検視に取りかかり、鑑識係員によってフラッシュがたかれて現場の撮影がなされた。

仰向けになっていた死体は、同僚によって動かされていたことがわかり、近くに落下したときに割れたと思われる岩盤があった。従業員の説明によると、助けようとして岩盤を動かしたが、そのときには息をしなくなっていたという。

作業服を脱がせて裸にして検視にとりかかったが、頭部には異常が見られず、眼瞼《がんけん》結膜に溢血点《いっけつ》は認められなかった。死体には温もりがあり、硬直もなければ死斑もなく、胸部以外の箇所に異常は認められなかった。死後、一時間前後が経過しているものと思われたが、遅れてやってきた立ち会いの医師の所見は、胸部圧迫による窒息死であった。

検視を終えてから坑内の設備や採掘方法などの調査をしたが、このようなことは初めてであった。原因の調査は専門家にゆだねるべきかもしれないが、通路などには事故防止の方策がとられていた。採掘現場には特別な事故防止の対策は講ぜられていなかったが、これは採掘するためにはやむを得ないことであった。経営者は安全管理の面の不十分さを認めていたが、採算を度外視しての安全な設備の補強は無理だという。同僚などの関係者からも事情を聞いたが、事故を防ぐためには自分で注意するほかはないという。

会社からの連絡によって死亡した作業員の妻がやってきたが、一人息子は中学校へいっているために連絡をとらなかったという。変わり果てた夫にすがり付いていつまでも泣き崩れていたが、慰めの言葉を見つけることができない。悲嘆にくれて自殺や心中をするケースもあるため、死体を引き渡す手続きをしながら私なりのアドバイスをした。

昼過ぎまで元気で働いていた一人の作業員は、火山灰の微粒子の塊によって圧死してしまった。一人の男の突然の死により、妻と長男の生活が大きく影響されることは間違いないが、会社の人の話によると、労働災害が適用されるのではないかという。中学三年生の長男は高校への進学を目ざしているというが、この不運にもめげずに頑張ってもらいたいものだ。

経営者の話によると、ベントナイトには成分がないために農薬や各種製品の増量材に使われているという。署に戻ってから国語辞典をひもといたが、ベントナイトは載っていないため、帰宅してから百科事典で調べた。「火山灰や凝灰岩から変成された粘土の一種。石油精製、陶磁器原料、アスファルト乳化材などに利用される」とあり、さまざまな面で使われていることがわかった。

いままでは成分がないものは無価値のように思っていたが、この考えが誤りであることがわかった。人間の社会にあっても無駄と思えるものが少なくないが、それが時間の経過によって無駄でないことがわかったりした。だれも事故にあわないように気をつけているが、防ぎ切れないようなときもある。生き残った者は悲劇を糧《かて》にし、よりよい人生を送ることを考えるのが最善の生き方かもしれない。

一〇　商取引か、それとも詐欺か

バイパスに面した新庁舎に引っ越して間もなく、K市の衣料品会社の社長さんから告訴がなされた。S物産に七十万円の衣料品を販売したが、受け取った手形を不渡りにされ、社長の所在が不明だという。手形を不渡りにされればだまされたと思うのは無理はないが、いままでに手形を取り扱った事件の捜査をしたことはなかった。

告訴状を手にすると、あて先がK署長からT署長に変更されており、さらにM警察署長あてに書き換えられていたので疑問に思った。

「どうしてM署に告訴することにしたのですか」

「K署に提出したところ、会社の所在地がT署管内だと言われ、T署にいったところ、民事の問題だし、警察は介入することができないと言われ、受理されなかったのです。そのことに納得することができず、振出人の住所がM町になっていたのでやってきたのです」

大きな警察署で拒否したものを受理したくはなかったが、たらい回しのようなこともしたくなかったため事情を聞いた。

「S物産とは、どのような取引をしていたのですか」

「三十五歳ぐらいの背の高い男が見え、いろいろと商談をしたのです。S物産がどんな会社かわからないため、取引銀行を通じて問い合わせてもらうと、心配はないとの返事だったのです。そのために手形で衣料品を販売したが、すべて不渡りにされてしまったし、社長を探したが見つからないのです」

警察権は民事に介入できない原則があったが、詐欺の疑いがあるのに告訴の受理をしないと職務放棄にひとしくなってしまう。むずかしい選択をしなければならなくなり、捜査のベテランの署長の指示を仰いだ。

「いまはいそがしい仕事がないし、勉強のつもりで捜査したらどうか」

このようにして捜査に取り組むことになったが、捜査係は鑑識を含めても六人の陣容であった。この種の捜査の経験者は一人もいなかったし、私だって本物の手形を見たのは初めてであった。手形の勉強をしながら手探り状態で捜査することにし、最初にS物産の取引銀行にいって取引状況や手形の流通などを調べると、不渡りになった手形は三十通以上にのぼっていた。

S物産の役員に名を連ねていた妻から事情を聞くと、会社の運営にはまったくタッチしていないという。従業員のなかには手形を取り扱った者はおらず、三十五歳ぐらいの背の高い従業員も見当たらない。

S物産の当座や預貯金関係などについて調べると、当座預金が少なくなった三日前に二百万円が入金されていた。その日に手形帳と小切手帳各一冊が交付されていたが、その翌日、S物産の社長の代理人と称する男が委任状を持ってきて二百万円を引き出していった。

衣料品の仕入れに使用された手形は、このとき交付された手形帳のうちの三通であり、S物産の社長さんがどれほどかかわっているか、それが捜査の焦点になってきた。

手形のことが少しばかりわかったが、もっと知りたいと思ってT市の書店で手形や小切手に関する本を購入した。融通手形や白紙手形やジャンプ手形などの説明はあったが、ほとんどが実務に関するものであり、どれほど捜査に役立つかわからない。手形を裏書きして使うこともできれば、手形を担保にして街の金融から金を借りることができるし、不渡りになっても振出人や裏書人に責任があることなどがわかった。

衣料品を仕入れたのがだれか、どこに処分されたのかわからない。不渡りになった手形の裏書人について遡及調査をすると、たくさんの法人や個人の名前があった。白紙の手形が売買されていたり、ブローカーがあっせん手数料をかせいでいることがわかった。S物産の手形が街の金融で割られるなどしており、手形にかかわった人たちの数は数十人にものぼっていた。

だれが衣料品を仕入れていたか、だれが手形を利用しているか、そのことにしぼった捜査をすすめた。被害者の届け出により、Tという男が不渡りになった手形を使用し、高級な応接セットを仕入れていることがわかった。犯罪歴を照会すると詐欺の前科があったが、S物産の手形をどのようにして手に入れたのかまったくわからない。家具店から高級な応接セットをだまし取ったことが明らかになり、逮捕状を得て行方を追った。

立ち回り先になっていたりんごの産地にいったとき、青いりんごが庭のむしろの上に並べられていた。主人がジョーロで水をかけていたので話を聞くと、早もぎのりんごを赤くし、甘味を増すための作業だと言った。Tさんを逮捕して事件の突破口にしようと思ったが、どうしても行方がわからないし、衣料品を仕入れていたのがだれかもわからない。

事件の全体像を明らかにするため、S物産の社長さんから事情を聞くほかなく、全力で捜すことにした。あちこち聞き込みをすると、長野県のM市でホステスと一緒に暮らしているらしいとの情報を得ることができた。

M市には十数軒のバーやキャバレーがあったが、ホステスの名前がわからないし、Sさんが偽名を使っている疑いがあった。地元の警察署の協力を得て捜しているうちに潜伏先を突き止め、ホステスと一緒に暮らしていることを確かめることができた。

事情聴取に手間どると思われたため、翌日の早朝、任意同行を求めると素直に応じた。

本署で事情を聴くと、街の金融から二百万円を借りて当座に入れ、小切手帳と手形帳の交付を受けたことは認めたが、委任状は脅されて書かされたという。恐喝事件の被害者として事情を聞こうとすると、被害の届け出をしようとしなかった。たとえ脅されていたとしても、署名した委任状を手渡せば当座の残高がゼロに近くなるのは明らかであった。Sさんが暗黙に了解していた疑いが濃厚になってきたが、具体的に事実を知らされていないことも考えられた。

任意の取り調べをつづけるかどうか検討したが、ふたたび所在不明になるおそれがあったため、署長の指揮によって逮捕状を請求することになった。

M地方裁判所T支部にいったが、受理されてから一時間以上も経過したのになんの連絡もなかった。事件がわかりにくかったこともあり、却下になるかも知れないと思ったとき判事さんに説明を求められた。私だって充分に説明することはできなかったが、判事さんからは、疑いが晴れたらすぐに釈放してください、との条件がつけられて逮捕状が発せられた。

Sさんの取り調べをしてわかったのは、何度も手形を街の金融で割り引いては資金をつくっていた。売り上げ代金とともに当座に入金していたため、当座の貸借関係の入出金が増加をつづけており、銀行も業績が伸びていたと思っていたらしかった。

当座の残金が少なくなったとき、入金しなくては小切手や手形帳の交付が受けられない状態になっていた。このために手形ブローカーのWさんに依頼し、街の金融から二百万円を借りて銀行に入金していたことがわかった。Sさんは脅されて委任状を書かされたと言っているが、これが事実であるかどうか、いまだはっきりさせることができない。

手形帳や小切手帳がWさんに渡されていた疑いが濃厚になり、これらの事実を明らかにするためにはTさんの取り調べが不可欠になってきた。

Tさんが立ち回り先で逮捕されて護送されてきたため、手形を入手したいきさつについて追及した。Wさんから白紙の手形を受け取り、勝手に金額を書き込んで応接セットを仕入れたが、不渡りになるとは思わなかったと主張していた。使用されていた手形の番号は、衣料品会社に手渡されたものと一連の番号になっており、SさんとTさんの取り調べにより、街の金融や暴力団や詐欺師がからんでいることがわかった。

Tさんの供述によってWさんの逮捕状を得ることができたため、指名手配をして行方を追い、逃走先のホテルで逮捕することができた。

「Wさんは、K市の衣料品店から衣料品をだまし取ったとして逮捕状が出ているけれど、この事実に間違いありませんか」

「仕入れにいったのは事実だが、手形は落ちるものと思っていたよ」

「Wさんが手形にくわしいことはわかっているよ。いままでに詐欺の容疑で二回も逮捕されているが、いずれも不起訴になっていたから手ごわい相手であると思っていたよ。黙秘をするのも結構だが、今回はどのような弁解をするつもりですか」

「これは商取引であり、どのように取り調べられようとも詐欺になるはずがないよ」

「商取引であるか詐欺であるか、もっともよく知っているのはWさんだと思うんだよ。逮捕したのは警察であるが、起訴するかどうかは検事さんが決めることになるし、起訴になれば裁判で争われることになるんだよ。いくらWさんが商取引だと主張したとしても、有罪か無罪かを決めるのは裁判官なんだよ」

Wさんは、あくまでも商取引だという主張を変えようとしない。充分な裏づけをとって逮捕したつもりであったが、Wさんの弁解は巧みであり、S物産のコンサルタントをしていたと言い出した。Sさんはそのことを否定しており、逮捕された人たちはお互いに罪をなすりつけていたらしく、いくつもの食い違いが見られていた。

どのように追及しても事実を認めようとしないし、取り調べは堂々巡りみたいになってしまった。Wさんの学歴や経歴などがわかっていたため、T高校でN先生に教わったことはありませんか、と尋ねた。いきなりN先生の名前が飛び出したものだからWさんは面食らってしまったらしく、その後の言動に変化が見られるようになった。

雑談に応じるようになり、私が先輩だとわかると弱音をはくようになった。

「先輩に調べられたんじゃウソもつけないよ」

「それだったら取り調べが代わってもいいんだよ」

「慣れたんだから係長が調べてくださいよ」

このように言ったため引き続いて取り調べをすることにした。

「手形については，この事件の捜査をしてから勉強をはじめたんだよ。素人がプロを取り調べることになっているが、資料によって説明を求めているんだよ。Wさんが認めるのも否認するのも自由であるが、これからまじめに生きたいと思ったら正直に話してくれないか」

「おれが大学の商科で勉強していたとき、父親の会社が倒産したために中退を余儀なくされてしまったんだ。再建しようと思っていろいろの職につき、ブローカーになって警察にパクられたこともあるが、うまく言い逃れができたために起訴されずに済んだんだよ。おれは推理小説の愛読者であり、経済小説からさまざまなヒントを得ることができたため、コンサルタントみたいなことをやってきたんだよ」

私が先輩とわかると妙な関係が生まれ、被疑者と刑事の立場を忘れて話し合うことができた。手形についてもいろいろと教えてもらうことができたし、Wさんも正直に話すようになった。だまし取った衣料品がN県の農協に安値で売られていたことがわかった。脅されて委任状を書いたというSさんの供述がウソであることもはっきりしたし、試行錯誤のすえに三人の容疑が明らかになってきた。もし、Wさんが自供しなかったら衣料品の処分先は明らかにならず、どのような結果になったかわからない。Wさんから白紙の手形を買い受けていた者は何人もいたが、いずれも手形は落ちるものと思っていた、と供述していたために検挙することができなかった。

逮捕した三人の被疑者はいずれも起訴されて公判を待つ身になっていた。多くの関係者から事情を聞き、告訴から百日以上におよんだ試行錯誤の捜査に終止符を打つことができた。商取引か詐欺かわかりにくい事件であったが、さまざまな形で手形が流通していることを知ることができた。

一一　手形をパクられた理事長

手形は振出人の手を離れれば、受取人や裏書人やブローカーなどの手を経て、つぎつぎに人手に渡っていく。商業手形であればまともな歩みをするとしても、買い手形や融通手形ともなると、どこへ飛んでいくかわからない。どんな手形であっても取引が停止されていないかぎりまともな手形の顔をして市場に流通することになる。

受け取った人が不審を抱いて取引銀行に問い合わせても、いまのところ危ないという話は聞いておりません、というような答えが返ってくるのが落ちである。

企業の多くが金融機関から融資を受けるが、いつも借りられるとはかぎらない。借入れができなくなったときどうするか、それは経営者によって変わってくる。手形を担保にして街の金融から借りることもあるし、手形ブローカーのあっせんで融通手形で間に合わせたりする。手形にからんだ詐欺事件の捜査をして、手形にまつわるさまざまな事件があることがわかった。

詐欺事件の捜査をしていたとき、融通手形に交じってT繊維協同組合の手形が入っていたので疑問を感じた。正規のものかどうかただすために理事長さんに問い合わせると、あいまいな返事をくり返すばかりであった。

「詐欺事件の捜査をしていたとき、T繊維協同組合の手形が詐欺グループの手に渡っていることがわかったのです。偽造されたものかどうか、パクられたものかどうか、それをはっきりさせたいのですが」

「私がYという男に手形を渡したことがあり、ことによるとそれかもしれません。いろいろのいきさつがあって簡単には説明ができませんが、私は自動車の運転をすることができないので出かけていくことができないのです」

理事長さんは話したがらないようだったが、訪ねていって事情を聞くことにした。

自宅は塀をめぐらせた広い敷地の木造二階建てであり、警察手帳を示して身分を明らかにしてから雑談をした。理事長になってから三十年以上もたっているが、後がまがいないために辞めることができないという。

「どうして手形をYさんに渡したのか、そのいきさつについて話してくれませんか」

「手形を渡すまでにいろいろのいきさつがあったのです。私は友人や知人に金を貸しては小遣いかせぎをしており、知らない人には貸したことはなかったのですが、B代議士の秘書の名刺を持ってYという人が見えたのです。私もB代議士の後援会の役員になっていたものだから信用し、今月いっぱいで返済するというので五万円を貸したのです。期日にはきちんと返済してくれたので信用し、その後も貸しつづけてきましたが、だんだんと金額が多くなって返済が滞りがちになったのです。催促をしたところ、『金の都合がつかないのでこの手形を受け取ってくれませんか。現金で返せないんだから余分に利息を支払わせてもらいますが』と言って手形を持ってきたのです」

「落ちるかどうか、気にならなかったのですか」

「間違いなく落ちると言っていましたが、少しばかり不安だったので利息を倍額にするという条件をつけたのです。このように貸しているうちに金額はますます大きくなり、手形が不渡りになったために文句を言ったのです。別の手形を持ってきて、『今度のは建設会社の手形だから間違いなく落ちるよ』と言ったので手形の差し替えをしてやったのです。この手形も不渡りになったため呼びつけて催促すると、『急に返してくれといっても資金の都合はつきませんよ。借りた金は事業資金に使っており、順調にいきさえすれば二百万円や三百万円ぐらいわけなく返すことができるんです。ここで融資がストップされてしまっては、いままでの投資も水の泡になってしまい、事業を成功させるためにはどうしてもあと二百万円の追加融資が必要なんです』と言われ、初めて事業資金に使われていることを知ったのです」

「ほんとうに事業資金に使っていたのですか」

「どのような事業をしているか尋ねると、『友達が経営していた喫茶店を譲り受け、店舗を改装して来月の一日にオープンする予定なんです』と言ったため、確かめるために案内してもらったのです。繁華街の近くにあり、現に喫茶店は改装工事をしており、手持ちの金がなかったものだから初めて組合の手形を切ってしまったのです」

「組合の手形を切ることに抵抗はなかったのですか」

「すぐに金が必要だというし、仕方なく手形を切ってしまったのですが、半月ほどするとまた借りにきたのです。前に貸した分を返済してもらわないかぎり貸せないと断ると、『改装が終わったが、支払いを済ませないと引き取ることができないんです。オープンになれば一日に数万円の日銭が入ってくるんですが、貸してもらえないとなると、いままで借りた金だって返済することができなくなってしまうんです。助けると思ってもう一回だけ二百万円を貸してもらいたいんです』と言われたため、いままでの分が焦げつきになっても困ると思って手形を切ってしまったのです。その後も借りにきましたが、約束を守らないかぎり貸すことはできないときっぱり断ると、その後は姿を見せず、連絡もとれなくなってしまったのです」

「Yさんに貸した金は、どのくらいになりますか」

「手形を受け取っては残金を貸したり、何度も手形の差し替えをしたからはっきりした金額がわからないんです。T繊維協同組合の手形ははっきり記帳しており、その分だけで八百五十万円になっています」

「喫茶店にいって調べたりしましたか」

「経営者に会って話をしたが、Yという人は知らないと言っていました。だまされていたことに気がついたが、もぐりの金融をしていたから警察に届けることもできなかったのです。私だってB代議士の後援会の役員になっており、Yを紹介してくれた秘書とも懇意にしていたのでこんなことになってしまったのです」

　うまい話に落とし穴があると言われているけれど、もぐりの金融をやっていた理事長さんがどうしてそのことに気づかなかったのだろうか。

　Yさんの身辺捜査をしたところ、B代議士とはまったく関係のないことがわかった。手形ブローカーのような存在であり、ひんぱんに競輪や競艇場に通っており、暴力団や詐欺師たちとも交遊があった。理事長さんから手形をパクった事実が明らかになり、逮捕状を得て通常逮捕して取り調べをした。

「T繊維協同組合の理事長さんから手形などをだまし取っていませんか」

「どんなに弁解をしたところで、捕まってしまってはどうすることもできないよ。たまたま市内で高校時代の友人に会い、そのときにB代議士の名刺をもらい、近くの喫茶店で世間話をしていたとき、理事長がもぐりの金融をやっていると知ったのです。友人から受け取った名刺を持って金を借りにいき、信用を得るために初めは少ない金額にし、期日までにはきちんと利息を含めて返済していたのです。現金が返済できなくなったが、手形でも受け取ってもらえるようになり、差額を現金で受け取っていたのです。このようにして手形の金額が多くなり、利息を倍などにすると、いつまでもつづけることができたのです」

「どうして喫茶店の話を持ち出したのですか」

「金を借りるのがむずかしくなったため、喫茶店の資金に使うとウソを言うとまんまとひっかかったんだよ。多額の金が必要だと言うと、理事長は手元に現金がないために組合の手形を切ってくれたんだ。しばらく借りることができたが、貸した金を返済してからでないと貸すことはできないと言われ、あきらめることにしたんだよ」

「どうしてあきらめたのですか」

「何事も潮時がありますよ。借りることができなくなったとき、もぐりの金融をしていることを理由に脅すことも考えたが、それはやめたんだ」

「どうしてやめたんですか」

「脅せば警察に届け出られると思ったからだよ」

詐欺事件にはたくさんの手形が使われており、融通手形やジャンプ手形など不正なものも見受けられた。この中にまともと思われた手形が一通だけあったが、これがこの事件の検挙の端緒になっていた。もし、T繊維協同組合の手形が暴力団の手に渡っていたらもっと深刻な事態になり、事件はさらに拡大していたかもしれない。

もぐりの金融で金もうけをしていた理事長さんであったが、それが詐欺師につけ込まれることになった。うまい口車に乗せられて大金を失ってしまったが、素人がプロの詐欺師に太刀打ちできるはずがなかった。人が欲望の前に盲目になってしまうといわれているが、そのことを知ることができた。どんなに悔いても行なわれたことは取り消すことはできず、高い授業料を支払ったと考えるほかないのではないか。

第二章　田園の警察署

一二　神出鬼没の盗人

M署に四年間勤務すると、定期の人事異動によって田園の小さなS署に転勤になった。利根川の左岸に位置していたが、右岸の埼玉県側の一部にS町の集落があった。これは利根川の流れが変わったために起こった現象といわれており、そのためにいまも渡しがあった。古物商や質屋などがないため、ぞう品を捜すために他の警察署の管内に出かけることがしばしばあった。

空き巣犯にいわせると、暗がりではこわくて盗みができないといい、忍び込みの犯人になると、昼間は顔を見られるからいやだという。どちらも捕まらないように考えていることは共通しているが、やり方になると大いに異なってくる。犯人は適性を生かして盗みをするらしく、あるやり方に成功すると、同じ方法でくり返すといわれている。その特性を利用して生まれたのが犯罪手口制度であり、犯人が検挙になると「手口原紙」がつくられ、被害が発生すると「被害通報票」がつくられる。

犯罪の捜査の端緒には風評や投書などもあるが、圧倒的に多いのは被害者の届け出である。一一〇番通報によることもあれば、交番や駐在所に届けられることもあるが、ときには職務質問によって逮捕されることもある。いずれの場合にあっても、速やかに証拠を収集し、犯罪事実を明らかにしていかなくてはならない。

被害の届け出があると現場に急行し、被害者から事情を聞いたり、実況見分するなどして事実を確認していく。指紋や足跡の採取をしたり、付近の聞き込みをしていくが、まれには参考人の供述に誤りがあることもある。

午後六時三十分ごろ、小さなS町のA食堂から一一〇番通報があった。

「夕方、いそがしかったので家族が店に出ていたときドロボーに入られたのです。奥の座敷に土足の跡があり、金庫を調べたら三万円ほど盗まれていることがわかったのです」

二人の刑事と鑑識係とともに現場に急行し、被害者から事情を聞いた。

「勝手口のカギをかけていなかったため、そこから入られたものと思います。座敷の小型金庫から現金を盗まれた以外に被害はないようです」

刑事と鑑識係は手袋をして実況見分をはじめ、犯人が手をふれたと思える勝手口のドアや小型金庫の指紋の採取をはじめた。やわらかい刷毛《はけ》に微量のアルミニューム粉末をつけ、軽くなでていくと指紋の隆線が徐々に浮かび上がってきた。重なっているものや不鮮明なものもあったが、それらを素通しのゼラチン紙にはりつけて採取し、黒の台紙に反転させて場所や日時を記入した。採取した指紋がだれのものかわからないため、家人の指紋と現場の指紋と照合し、合致しないものを犯人のものと見なして割り出すことにした。

指紋は「万人不同」であるだけでなく、「終生不変」といわれている。弓状紋、渦状紋、蹄状紋、変体紋の四つに大別され、さらに細分されて〇（ゼロ）から九までの値がつけられる。「手口原紙」には左右の指がすべて数字であらわされているため、連続した指紋が採取できると犯人を割り出すのが容易になる。

座敷にわずかな土が落ちていたが、何を履いていたかわからない。被害は現金だけであり、資料はいたって少ない。盗みの手口は「居あき」であったが、これは家人などが昼寝や食事などをしているすきをねらって屋内に侵入するものである。

実況見分を終えて付近の聞き込みをしたが、不審な人物や車両を見たり、音を聞いた者はいなかった。

侵入口や物色の方法などを記入した被害通報票を本部鑑識課に送付し、同種の犯罪の有無について問い合わせた。すると、「居あき」の手口の犯罪が近隣の警察署の管内で多発していることがわかり、土地鑑がある者の犯行と思われた。

A食堂の被害があってから一週間したとき、サラリーマンから一一〇番通報があった。

「一家で夕食をとっていたとき、二階の寝室が荒らされてタンスが開けっ放しになっていました。手をつけないほうがいいと思ったため、いまだ被害があるかどうか確認しておりません」

現場に急行すると、ブロック塀を乗り越えたところに数個の足跡があった。窓の下の空き箱の上にも土が落ちており、そこから二階に侵入したものと思われた。二階の寝室のタンスは開かれたままであり、家人に手袋をしてもらって被害の有無を確かめてもらった。衣服の間に隠しておいた茶封筒入りの五万円が盗まれていることがわかり、物色の方法が明らかになった。

足跡は犯人のものに間違いないと思われたため、鮮明についていた左右の足跡を選んで採取することにした。ワクをはめて石膏を流し込み、固まるのを待っている間に二階の窓やタンスから十数個の指紋を採取した。石膏が固まったので静かに水洗いをすると紋様がはっきりし、採取の日時と場所を刻んで証拠とすることにした。

足跡は二十六センチであったが、どんな履物なのかわからない。あちこちの履物店をめぐってメーカーを調べると、G社製のスポーツシューズと判明した。底の紋様によって表がグリーンとわかったが、広範囲に売られていたため犯人を割り出すのはきわめて困難であった。

捜査の資料にするため、各地で発生していた「居あき」の日時や場所を調べて分布図を作成した。最初に発生したのが八か月前であり、K署の管内を皮切りにしてO署管内にもおよんでいた。犯行の時間帯は午後六時から九時までがもっとも多く、それ以降の時間帯の発生は一つもなかった。

各署が捜査協力をすれば、より多くの情報を得ることができるし、犯人の検挙が容易になるものと思われた。だが、それを阻害してしたのが「縄張り根性」であり、いまだ犯人を検挙した個人や警察署が表彰される仕組みになっていた。捜査幹部のなかには「点数制度をなくせば縄張り根性もなくなってしまうし、刑事の捜査意欲が減退してふつうのサラリーマンみたいになってしまう」と公言する者さえいた。

多くの現場付近の聞き込みをしたが、停止している自動車を見た者も音を聞いた者もいない。犯罪の発生状況からして電車やバスを利用したり、徒歩ということは考えにくいことであった。広範囲にわたっていたから自転車とは思えず、バイクか自動二輪車を利用している公算がつよくなってきた。

足跡の大きさからすると、犯人は一・六五メートル前後と推定できた。そのためにバイクなどを利用し、G印のスポーツシューズを履いた人を重点に捜査することにした。

交通量がもっとも多い十字路を選び、犯行時間帯を中心にして刑事が交替で張り込みをすることにした。犯人と思われる人物が通過すると、ナンバーのチェックをして所有者の調査をし、疑問がのこると犯歴の照会や内偵をした。

一週間ほどつづけたとき、90CCのバイクに乗ってスポーツシューズを履いた若い男が通り過ぎていった。いつものようにナンバーや身体特徴などをチェックし、持ち主を調べるとAさんとわかった。犯罪歴の有無を照会すると、少年のときに「車上ねらい」で補導されており、成人になってから「空巣ねらい」で逮捕され、執行猶予になっていることがわかった。

二か月前にO市からS町に転居しており、巡回連絡によって勤務先がわかったが、二十日ほど前にやめていた。現在の勤め先は不明であったが、朝の九時ごろに家を出て午後の七時から八時ごろに帰宅することが多かった。

風がつよい日の夕方、サラリーマンの家族から一一〇番通報があった。

「台所で夕食の準備をしていたとき、奥の座敷が荒らされてタンスの現金が盗まれたのです。

ほんの数分の間の出来事であり、びっくりしています」

　現場に急行して実況見分をすると、乾き切った庭にかすかにG印のスポーツシューズの足跡が見られた。それから一週間ほどしたとき、農家に盗みに入った犯人が被害者に見つかり、バイクで逃走した、という事件が発生した。犯人がバイクを利用していることがはっきりしたが、Aさんの犯行を裏づける決定的な資料が見つからない。

　G印の足跡をのこす「居あき」事件は、五日に一度ぐらいの割合で発生していた。指紋から犯人を割り出すことができなかったが、犯人がG印のスポーツシューズを履いていることは間違いなかった。Aさんはひんぱんに職を変えているらしかったが、O市のドライブインで働いているとの情報を入手した。

　経営者が捜査に協力的であることがわかり、承諾を得て敷地内を調べると、G印のスポーツシューズの足跡がいくつもあった。足跡が酷似しているだけでは犯人と断定することができず、靴の底にきずがないか、へり具合に特徴がないかどうか調べた。

　犯行現場から採取した足跡と、ドライブインから採取した足跡と同一であるとの鑑定結果がでた。Aさんの犯行にほぼ間違いないと思われたため、任意出頭を求めて取り調べるかどうか検討された。取り寄せたAさんの手口原紙の特徴欄には、「徹底的に否認」と書き込まれており、さらに捜査をつづけて決定的な資料を得ることにした。

　捜査されていることに気がついたのか、Aさんが姿を見せなくなってしまった。家にはバイクが見られず、「居あき」の事件が発生しなくなって捜査は頓挫してしまった。奥さんは長男を連れてときどき電車で出かけていたが、どこへいくのかわからないし、尾行することもできない。

ときどきAさんの家の前を通っては、変化がないかどうか調べていた。二か月ほどしたときAさんの庭に新しいバイクが見えたため、ふたたび張り込みをつづけた。朝の九時ごろに家を出て夜の七時か八時ごろに帰ることが多かったが、これは以前のパターンと同じようなものであった。

一日の勤務を終えて午後七時ごろ帰宅したとき、本署から電話があった。

「ただいま、B地区の農家にドロボーが入ったが、家の人に見つかって逃げたということです。当直だけでは間に合わず、刑事を呼び出して現場にいってもらいました」

連絡を受けたがすぐには現場にはいかず、Aさん宅に直行したが、いつものところにバイクは見られなかった。張り込んでから十分ほどしたとき黒のジャンパーをはおってバイクで帰宅したが、このときもG印のグリーンのスポーツシューズを履いていた。それらをメモしてから現場へいったが、すでに実況見分がはじまっていた。

ここにも見慣れたスポーツシューズの足跡があり、被害者の話を聞いた。

「離れの座敷で物音がしたのでおかしいと思い、様子を見にいったのです。黒っぽい服装の若い男が急に飛び出してきたのでびっくりし、ドロボーと大きな声を出してしまったのです。暗がりに隠しておいたバイクで逃げていきましたが、年齢や人相などはわかりません」

被害者に発見されてバイクで逃走したが、帰宅するまでに三十分以上の時間を要していた。被害者からAさんの自宅までの距離は三キロメートルほどであり、未遂に終わったために犯行におよんでいたことも考えられた。

本署に戻ると、隣のH集落の農家から被害の届け出があったので現場に急行した。この家の被害は一万五千円であり、家の人が物置で作業をしていたわずかの間に居間のタンスが荒らされたという。ここにもG印のスポーツシューズの足跡があり、同一犯人のしわざと思われたため、実況見分をして指紋や足跡の採取をした。

九時過ぎに署に戻り、署長に事件の概要について報告をし、Aさんの取り扱いについて指揮をあおいだ。任意同行を求めて事情を聴取してもよいとの許可があったが、間違いのないようにしてくれと付け加えられた。

呼び出しをするとき、電話によることもあれば呼び出し状を郵送することもある。今回は犯罪の容疑が濃厚であり、逃走のおそれがあったために任意同行を求めることにした。このようなことは、刑事にとっては日常茶飯のことであるが、相手は強制されたと思うかもしれない。任意同行は強制連行と疑われることがあり、その取り扱いはまことにむずかしい。

翌朝、二人の刑事がAさん宅を訪れ、奥さんには座をはずしてもらった。

「きのうの夕方、B地区の農家で現金を盗まれたのですが、その現場にはAさんが履いているスポーツシューズの足跡があったんです。きのう、どこでへいってきたか、そのことについて聞きたいので本署まできてもらえませんか」

出頭したくない気持ちがありありであった。態度を決めかねているらしく、いつまでも黙っていた。拒否したり、逃走すればより疑いが増すことになり、ついに求めに応じて出頭することになった。

二人の刑事にともなわれ、Aさんはしぶしぶ本署にやってきた。

お茶を入れたが茶碗を持とうとはせず、うつむいたままであったからどんな表情をしているかわからない。

「きのうは、バイクでどこへいってきたのですか」

このように言葉をかけても、うつむいたまま黙っていた。任意同行であったからいつでも退去することができたが、帰ろうとする気配はまったくない。表情に変化があるかどうかもわからず、どう打開していくかが当面の焦点になっていた。

Aさんの手口原紙の参考欄には「徹底的に否認」とあったが、それがどの程度のものかわからない。孫子の兵法によると「彼を知り己を知れば百戦して殆《あや》うからず」とあるが、相手の心がわからなくては戦いに勝つことができない。

「きのう、Aさんは S町の二三四号をバイクに乗り、午後七時二十分ごろ家に帰っていますね。黒のジャンパーを着ていましたが、どこへいってきたのですか」

このように質問したとき、ちょっと顔をあげたが、すぐにうつむいてしまった。警察で知っていることだって限界があったし、警察がどれほど知っているか、Aさんは腹づもりをしていたらしかった。

Aさんは、黙秘することもウソをつくことも自由であったが、刑事の追及は法令の範囲内にかぎられていた。虚々実々の駆け引きがつづき、さまざまな質問をしたが、どれにも答えようとしない。

「昨夜、S町の二三四号をバイクに乗って帰っていますね」

二三四号に力をいれ、念を押すかのようにしてふたたび尋ねた。

「会社の帰りだったんです」

「会社帰りかもしれないが、どこかに立ち寄っていませんか」

急所にふれたらしく、ふたたび黙ってしまった。

「イエスかノーか、簡単に答えられると思うんですが」

「実は、盗みに入って見つかり、バイクで逃げたのです」

Aさんがこのように供述したが、被害者にバイクのナンバーを見られたと錯覚したらしかった。あくまでも否認をつづけていたら、どのように追及しようか考えていたが、その必要がなくなった。

囲碁や将棋にあっては、先の先まで読むことが大事だといわいているが、読み方をあやまると敗北につながってしまう。犯人にもいろいろのタイプの人がおり、取り調べる刑事だってさまざまであり、だれがだれをどのように取り調べるかによって結果が異なることもある。

Aさんが盗んだことを認めたため供述調書にし、報告書を作成するなどした。警部の階級にある次席により逮捕状が請求され、裁判官から逮捕状が発せられたため、弁解の機会を与え、弁護人が選任できることを告げてから「弁解録取書」を作成した。本籍、住所、職業や生年月日のほか、学歴や経歴などを聞いてから本格的な取り調べがはじまった。

「Aさんは、どうして盗みをするようになったんですか」

「数年前、そば屋の出前として警察に出入りしていたことがあったんです。刑事さんの話を聞いて捕り物に興味を持つようになったが、警察官になれないために盗みに興味を抱くようになったんです。おもしろ半分にカギのかかっていない車を探してはカバンを奪い、現金だけ抜き取っていたのです」

「そのときに補導されたと思うが、どうしてやめられなかったんですか」

「職が見つからなかったために生活に困るようになり、空き巣ねらいをするようになったのです。一度に大金が手に入ると働くのがばからしくなり、盗みをつづけたために捕まってしまったのです。懲役一年で三年の執行猶予になったため、まじめに働いて結婚することもできたし、長男も生まれて幸せに生活をしていたのです。ところが前科がばれて会社をクビになったが、このことを妻に話すことができず、あちこちで働いたのです。アルバイトみたいな仕事であったから以前のような給料がもらえず、不足分をおぎなうために盗みをつづけてしまったのです」

「どうして手口を変えるようになったんですか」

「空き巣のときは顔を見られたのですが、今回は勤めに出ていたから帰りに盗みをするほかなかったんです」

「まじめに働き、まじめに生きる気にはなれなかったのですか」

「前科があることがわかると、どこでも採用してくれないんです。まじめに働いていても前科がばれるとクビになってしまい、どうしてもまじめに働くことができないんです」

「社会からどのように見られようと、どんなに冷たくされようとも、Aさんにまじめに生きる気持ちがあれば、やがてはみんなが認めてくれるんじゃないのかね。奥さんや子どものためにまじめに生きようと考えたら、前科者といわれても耐えることができるし、盗みをしようという気にはならないと思うんだが」

「刑事さんはそんなことをいうが、世間はそんなに甘くはないんですよ」

「自分でそんなことを考えたんじゃ、まじめになれないんじゃないのかね」

「まじめに生きられるかどうかわからないが、女房や子どものためにまじめに生きていくことにします」

逮捕されたり、取り調べられたときには反省の言葉を口にする者は多い。それなのに、ふたたび留置場に入ってくる者が少なくないのはなぜだろうか。反省したとしても、前科者としてさげすまれるとしっぺ返しをしたくなるのかもしれず、世間の人たちが温かく迎えてやれば更生に役立つのではないか。

被疑者の取り調べが終了したため、奥さんから話を聞いた。

「私には会社で働いていると言っており、毎月、きちんと給料を渡してくれました。これから主人がどうなるかわかりませんし、私だってどのように生きたらよいかわからなくなってしまいました」

夫が捕まったために離縁状を突きつけてくる妻もいるし、一人になってホッとする妻がいることも知っている。夫が刑務所に入れられれば、いやおうなく別居せざるを得なくなるが、罪のない妻や子どもの将来が気になってきた。

Aさんは、ドライブインや食堂で働いていたこともあったし、パチンコや競輪などで時間つぶしをしていたこともあった。妻には盗みをしていたことを気づかれないようにしていたし、警察には捕まらないように工夫するなどいろいろと苦労があったらしい。こんな苦労をするんだったら、自分を裸にして楽に生きたらよいと思うのだが、このようになるのはむずかしいらしい。

Aさんが拘留になったため、余罪の捜査をすることになった。事実を明らかにするためにも引き当たりをすることにし、どこの家にどのようにして盗みに入ったか説明してもらうと、犯人にしかわからないことを説明した。このようにして中毛地帯（群馬県中部一帯）に発生したすべての「居あき」の事件を解決することができたため、供述調書を作成して証拠品とともに書類を検察庁に送って一連の捜査を終えた。

取り調べをしながらAさんの更生を願っていろいろとアドバイスをしたが、執行猶予中の身とあっては実刑をまぬがれることはできそうもない。Aさんは拘置所に移されて公判を待つ身となったが、これからどのように生きようとするのだろうか。

一三　子どもの火遊びや水遊び

子どもの火遊びや水遊びによって、幼い子どもが犠牲になることがある。浴槽や用水池に落ちておぼれたり、ベランダから転落して死亡することもある。こんなときに検視をして原因の調査をするが、保護者の不注意に起因していることが多い。もっと注意すればよかったと思っても、失われた命を取り戻すことはできない。

子どもにとっては、危険がともなう遊びの方がおもしろいのかもしれない。安全な場所で遊ばせていたり、保護者が付き添っていれば危険を避けることができるが、遊びのおもしろさが半減してしまったりする。矛盾があるようだけれど、子どもは遊びの中に冒険を求め、危険であることを忘れてしまうのではないか。親の留守中に子どもがマッチ遊びをして焼死したり、車内で熱射病にかかって死亡する例は枚挙にいとまがない。子どもは親の背中を見て育つといわれているが、親のまねをしたくなるものである。

私はアメリカ軍の捕虜になっていたとき、たくさんの将兵に接してアメリカ人と日本人の考え方に違いのあることを知った。日本人の母親の多くは、「そのようなことをすると危ないからしてはいけませんよ」と注意して決まりを守らせようとする。ところがアメリカ人の母親の多くは、「お母さんならそのようにはしませんよ」と話して自主性を育てることに重点をおくという。

子どものしつけに大切なことは、よいことと悪いことを分別できる能力を身につけさせることである。いくら危険であると教えても実行がともなわなくては役に立たず、学びながら体験させ、体験しながら学ぶのが真の学問のような気がする。

夏は子どもが水と遊びたくなる季節である。あるとき四歳になる男の子が自宅の庭で遊んでいたが、母親の目を盗んで近くの川にいって足をすべらせて流された。泣き声に気づいた主婦が、洗車をしていた若者に助けを求めると、シャツを脱ぎ捨てて一直線に川に向かった。泳ぎがうまかっただけでなく救急法の心得もあり、助けあげると同時に人工呼吸をほどこしたため、救急車が到着したときには息を吹き返していた。

この若者は人命救助で警察署長から表彰され、各紙も大きく報道していた。もし、子どもが救助されなかったら大勢の警察官が動員され、発見されるまで捜索がつづくことになるかもしれない。いくらたくさんの人が動員されたとしても、時間の経過とともに助かる可能性は少なくなってやがて絶望になる。

子どもが危険に遭遇しても、命が失われないと問題になることが少ない。危険はいたるところに存在しており、事故が起きてから危険を排除したのでは間に合わない。保護者の過失の有無が問題になることが多いが、トイレに入ることもあれば炊事や洗濯をすることもあるし、子どもが移動することもある。

子どもはいつも親の言いつけを守っているわけではなく、一か所でいつまでも遊んでいることができない。遊びに熱中してしまえば親の言いつけは忘れてしまい、親と子どもの考えにずれが生じたりする。網が張ってあるから安全だとか、柵があるから大丈夫だと考えても、子どもは網の隙間からもぐり込んだり、柵を乗り越えたりもする。ベランダに置かれた箱だってはしご代わりにしてしまうが、危険な行為だって子どもにとっては遊びなのである。

子どもには親の気持ちがわからなくても、親は子どもの気持ちが理解できるのではないか。どのようなことが安全であり、どんなことが危険かわかれば事故を未然に防ぐことができるし、自ら悲しい思いをしなくても済むことになる。

一四　高校生の家出

二学期がはじまったとき、高校三年生の長男が家出したとの捜索願があった。防犯係が不在だったため、受理するにあたって「家出人捜索願受理票」を作成することになった。家出の原因や動機をはじめとして、着衣、人相、体格や立ち回り見込み先などの必要事項を記入するため、これらを母親から聞いた。

「夫は地方公務員ですが、どうして一人息子の長男が家出をしたかわからないんです。中学校の成績がトップクラスだったため、一流の大学に入れようと思ってM高校に入れたのです。優秀な生徒が集まっていたらしく成績が落ちてしまい、担任の先生からは、いまの成績では一流大学への進学がむずかしい、と言われたのです。おとなしい息子だったからハッパをかけても反発することはなかったのですが、夏休みが終わっても学校へいかなくなったのです。父親にひどく叱られると口もきかなくなってしまい、二日後に家出したことがわかったのです。友達に問い合わせをしたが、だれにも心当たりがないと言われ、警察で捜してもらうほかないと思ったのです」

「人相や体格についても聞かせてもらいたいし、写真があったら持ってきてもらいたいのです」

「身長は一・七メートルぐらいですが、太ってもやせてもいないし、左のほほに小さなホクロがあります。写真は家にありますから届けることにいたします」

手がかりを得るためにさまざまな質問をしたが、家出をした高校生がどのような行動をとるのか見当がつかなかった。家族にとっては深刻な問題であったから早く見つけてやりたかったが限界があり、事務的に処理するほかなかった。

子どもの家出や自殺の原因が親の側にあることが少なくないが、どうして育ててきた息子の心を理解することができなかったのだろうか。

高校へ進学させてやりたいと思っても、家庭の事情であきらめざるを得なかったり、親の死によって退学を余儀なくされたりもする。非行や登校拒否などによって退学させられることもあるが、このような場合に学校や親にまったく責任がないのだろうか。

子どもが犯罪を犯すと、親のしつけが悪いからだと非難する声が聞かれる。たくさんの犯罪を取り扱ってきたが、世の中には犯罪を犯した少年よりもっとひどいことをしている親だっている。少年の犯罪や非行は補導の対象にすることができるが、親は犯罪を犯さないかぎり検挙されることはない。少年のしつけは親の責任であるとしても、親の影響によって非行に走る少年もいるし家出したりもする。

一流の高校から一流の大学にすすみ、中央の官庁や一流の企業に就職するのが最良だと考えている者が少なくない。両親が一流大学を卒業していても、その子どもが一流大学に入れるというものではない。たとえ両親が立派な経歴の持ち主であったとしても、子どもに強いるようになると反発をまねいたりする。それなのに子どもの希望を無視し、親の希望をかなえさせようとすることが悲劇のはじまりになったりする。

たとえ一流の大学に入ったとしても、子どもがよろこぶとはかぎらない。実力で入ることができないとなると、裏口や不正入学を考えたりするが、それでは立派な人格が形成されるとは思えない。偏差値がよければよい学校に入ることができるといわれているため、親や教師もその気になってみんなが偏差値の虜《とりこ》になっている。教育の現場に競争原理が持ち込まれると、知識だけが豊かになったいびつな人間が形成され、教育に格差が生まれるようになる。

子どもの進路をどのように決めるか、それは子どもにとっても、親にとっても大事なことである。子どもが好きな道にすすむのが理想的であったとしても、親の見栄によって決められてしまうことがある。親が望んでいた大学への進学が無理だと考え、家出や自殺の道を選んだりするが、たのしいはずの学校が悲劇や苦痛をもたらす場になりかねない。どこの学校を卒業したというより、どこの学校でどのような勉強したかということが大切だと思うのだが。

家出人の捜索願を受理し終えたとき、このようなことを考えてしまった。

それから六か月後に母親が警察に見えた。

「きのう、北海道のすし店の主人から電話があり、息子がその店で働いていることがわかりました。夫に引き取りにいってもらうことにしましたが、これからの子どもの将来が心配なんです」

子どもが発見されたというのによろこんでいる様子は見られず、心配が先立っていたらしかった。他人の教育やしつけに口を差しはさみたくはなかったが、ふだん考えていることをしゃべってしまった。

「一流大学に入れることも結構だが、息子さんはそのことを苦にして家出したのではないですか。大学を出るか出ないかということより、どのように生きるかということが大切なのではないですか。おたくの息子さんは、他人の飯を食べながら半年間も働いてきたんですよ。学校で学ぶことができなかった貴重な体験をしており、これからの人生にきっと役に立つと思いますよ」

「いまの世の中はどんな体験をするより、学歴が大事だと思うんです」

「あまりにも学歴が重視されているため、いびつな社会になっているんじゃないですか。いくら学歴が大切だといっても、実力に裏打ちされなければ役に立たないし、じっくりと子どもさんと話し合い、子どもの希望をかなえさせるようにしたらどうですか」

教育のことについては門外漢であったため、初めは母親から反発されてしまった。話をつづけているうちに耳をかたむけるようになったが、母親がどのように受け止めたかわからなかった。どこまでが公務であるか考えてしまったが、帰り際に「ありがとうございました」と言った一言に救われた。

一五　農協職員の使い込み

企業内で使い込みがあっても、内密に処理されてしまうケースが少なくない。懲戒免職にすると公になるおそれがあるだけでなく、監督責任を問われかねなくなる。依願免職にすれば警察に届け出ることもないし、退職金を支払ったような形態にして使い込みの穴埋めができるという思惑もあるらしかった。

経理事務は専門職とされているため、同じポストに長く勤務することが多い。経理に明るい上司がいるとはかぎらず、不正が行なわれてもチェックする能力に欠けていたりする。節税の名のもとに不正の経理が行なわれたり、二重の書類がつくられるようになると使い込みが容易になり、チェックが困難になってくる。

H農業協同組合の理事長さんから、職員に数百万円を使い込まれたとの告訴があったので事情を聞いた。

「総会が近づいてきたとき一部の理事から発言があり、女子職員の使い込みが取り上げられたのです。放置すれば理事長の責任問題に発展しかねないため、父親に弁済を求めたが拒否されてしまい、うまい方法が見つからないため告訴することにしたのです。金を使い込んだ女子職員は仕事熱心であり、いやがらずに残業もしていたため、上司や同僚の信頼も厚かったのです。心情としては告訴したくなかったのですが、総会を乗り切るためにはやむを得なかったのです」

この話を聞いたとき、ごまかしがばれないように残業していたのではないか、と勘ぐってしまった。

部下の不祥事が発生すると、まじめであったとか、犯罪を犯すような人間ではなかったというコメントを聞くことが多い。ほんとうに部下を信頼していたのか、監督責任をまぬがれたいための謝罪なのかわからない。どのようにして不祥事が起きてしまったのか、それを明らかにするのが経営者にとって大事なことだと思うのだが。

捜査をはじめるに先立ち、関係者から農協の仕組みなどについて説明を受けた。この農協には理事長と専務理事のほか十名の理事がおり、理事は組合員から選ばれていたが、理事長は理事の互選によって決められていた。理事の多くは四年の任期が切れると交替しており、人望があるから理事長になれるというものではなかった。理事の多くは農業に従事しており、農協の経営には素人みたいな人たちであった。

農協にはさまざまなポストがあるが、能力を生かすためか配置換えになることが少ないという。参事の意向が農協の運営にも大きな力があるといわれ、理事にどれほどの発言力があるかわからなかった。三年間にわたって使い込みがばれなかったのは、チェック体制の甘さに原因があったらしかった。いくら会計監査が行なわれても、能力がなかったらやらなかったのと同然である。

このようなことは何も農協にかぎったことではなく、多くの企業や官公庁などにも見られる現象である。一般に出世が早い者は知識があるが経験がとぼしく、実態がわからなくても部下を指導監督する立場にある。上司も部下もさまざまであるから一律に論ずることはできないが、よほどのことがないかぎり上司の指示命令に反することはできない。上司の意見に迎合していれば無難であり、反対の意見を言ったりすると左遷させられることは多くの者が知っている。

農協の経理事務は、ほとんどが伝票で処理されていた。それを集計したものが日計表となり、月計表や年計表がつくられ、貸し方と借り方が合致していると正しいとされていた。使い込んだ事実を明らかにするためには、日計表に綴じ込められていたすべての伝票をチェックしていかなくてはならない。三年間の伝票は膨大なものであったが、使い込んだとされる女子職員の分にしぼると三分の一ほどの量になっていた。

会計年度のはじまる四月一日から日付順に並べ、ベテランの農協職員のアドバイスを受けながら一枚一枚チェックしていった。使い込みをはじめたころは金額も回数も少なかったが、徐々に増えていったが波もあり、女子職員の使い込みのパターンになっていた。すべての裏づけが完了するまでに半月ほどかかったが、不正経理によって明らかになった金額は五百万円を超えていた。

使い込みの事実が明らかになったため、女子職員の取り調べをした。

「どうして使い込みをするようになったか、順を追って話してくれませんか」

「雨の日に暗い道を一人で歩いていたとき、中学校のときの先輩の男に声をかけられ、家まで送ってもらったのです。そのことがきっかけとなって交際をはじめ、ドライブに連れていってもらったり、映画を見るなどしていたのですが、それらの費用は私が負担していました。小遣銭をせびられたが断ることもできず、要求がだんだんとエスカレートしてきたため、農協の金に手をつけざるを得なくなってしまったのです」

　このようにして使い込みの事実を認めたため、金額が多いから逮捕したらどうかという意見があったが、使い込んだ金額の大半が男にみつがれていた。男がなんの罪に問われないとあっては、どうしても署長の意見に賛成することはできなかった。

　取り調べによって明らかになったのは、日計表の貸し方と借り方を同金額にするように工作していたことだった。貸し方と借り方の同じ金額の伝票を見つけて双方とも破棄したり、金額を書き直しては貸し方と借り方が合うようにしていた。集計を終えた伝票が綴じ込められてしまえば、ふたたびチェックされることはほとんどなかった。月計表も年計表もすべて無事に監査を通っていたが、その職員の担当していた部門だけ大きな赤字になっていたため特別監査を受けて発覚した。

　S町には記者が常駐してしなかったため、夕方になると各社から問い合わせの電話があった。大きな事件は積極的に発表されていたが、女性の将来を考え、発表できるような事件はありませんでした、と回答をした。

告訴から取り調べの過程を記した報告書に証拠書類を添付し、検察庁に書類送致となった。検事さんの取り調べが終了すると、農協と父親との間で示談が成立したため起訴猶予の処分になって事件が終結した。最初から父親が示談の姿勢を示していたら娘さんが告訴されることはなかったし、私だって捜査を担当することはなかった。業務上横領の事件の捜査をしたのは初めてであったが、農協の経理や組織の一端を知ることができた。

一六　ドロボー人生

農家を対象にした連続忍び込み事件の捜査は、一一〇番通報によってはじめられた。

「こちらはS集落のMですが、昨夜、ドロボーに入られたのです。現金二万五千円が盗まれましたが、さいふと運転免許証は裏庭に捨ててありました」

当直勤務員が少なかったため、刑事は全員が呼び出されて現場に急行した。被害者から話を聞いたり実況見分をし、聞き込みをするなどした。裏庭には犯人のものと思われるたくさんの足跡がついており、カギをかけ忘れた裏口から侵入したものと思われた。土間にかけてあった作業衣のポケットからさいふが抜き取られ、茶ダンスが荒らされていたが盗まれた物はなく、さいふと運転免許証は自動車の近くに捨ててあった。

足跡にはYの紋様が入っており、大きさが二十六・五センチであり、石膏を流し込んで採取したが履物はわからない。茶ダンスから指紋を採取するなどして実況見分を終え、付近の聞き込みを終えてから足跡の追跡をはじめた。

屋敷を出ると東の農道に向かっていたが、数十メートルほどいった草むらで足跡は消えてしまった。あちこち探すと桑畑の中を通り抜けて隣の集落の農家の裏に達し、農家の生垣《いけがき》にもぐった形跡があった。その家の裏庭にもたくさんの足跡があったが、カギがかけられていたために侵入した形跡は見られない。

さらに足跡を追跡していくと、近くの農家の裏庭に達していた。

「ドロボーの足跡を追ってきたらお宅の裏庭にきてしまったのですが、何か被害にあっていませんか」

「裏口にカギをかけてなかったから入られたかもしれません」

足跡と指紋を採取し、被害の有無を調べてもらうと、茶ダンスの引き出しから現金三千円と女物の指輪が盗まれていた。

この日に被害にあったのは四軒の農家であったが、いずれもカギのかかっていない裏口から侵入されていた。カギがかかっている農家は被害にあっておらず、カギのかけ忘れの家だけがねらわれていたことがはっきりした。

どの犯行現場にもYの紋様の入っている足跡があったが、傷跡もなければ減りぐあいに特徴が見られなかった。歩幅は平均して七十センチぐらいであり、歩き方は正常であったが、ゆっくりと歩いたり、立ち止まったと思われる箇所もあった。

足跡によって履物店で調べると、大手のR社製のゴム長靴とわかったが、たくさん出まわっていて犯人を割り出すのが困難であった。警察本部に問い合わせると、このゴム長靴の足跡をのこす忍び込み事件は、県内だけでなく栃木や埼玉でも多発しているという。

自動車を使用しているのか、電車でやってくるのかわからなかったが、被害はＪＲや私鉄の沿線に多発していた。職務質問を容易にするためにＲ社製のゴム長靴を署内に展示し、警らや駅の張り込みをして犯人の発見に努めた。

半月ほどしたとき、またもやゴム長靴を履いた犯人に農家が荒らされ、一一〇番通報があった。この家の裏庭にたくさんの足跡があり、カギのかかっていない裏口から侵入した犯人によって茶ダンスが物色され、男物の腕時計と現金六千円が盗まれた。

いつものように足跡をたどっていくと、草むらで消えたために手分けをしてあちこち探すと畑の中のビニールハウスに達していた。ハウスの小さな箱の上に前日の日付の『夕刊フジ』が敷かれて腰を下ろしたらしく、菓子パンの空き袋と飲み干した牛乳パックが落ちていた。足跡は農道を通って堤防の手前で折り返し、小川をまたいでＫ駅に向ったが、舗装された道路で足跡は見えなくなった。Ｋ駅にいって不審な乗降客の有無について尋ねたが、犯罪に結びつくような情報を得ることはできない。

パンや牛乳をどこで購入したか調べると、地元の雑貨店で買っていたことがわかり、主人の話を聞いた。

「店を閉めようとしたとき、中年の小柄な男にあんパンと牛乳を売り、千円札を出したのでつり銭を渡しました。暗がりだったから人相はよくわかりませんでしたが、なまりがあったから土地の人ではなかったと思います」

新聞や牛乳パックからは指紋を採取できなかったが、『夕刊フジ』は東武の主要な駅で売られていた。犯人が電車でやってくることが濃厚になり、駅の張り込みをすることになったが、刑事が少ないために他の係員の応援を求めた。管内には三つの駅があったからいつまでもつづけることができず、効率化するために電車内の捜索を実施することにした。

パンや牛乳を買った時間を考えたり、勤務員の負担を軽減するために最終電車をのぞくことにした。浅草発の電車がO駅に到着すると、K駅方面とI駅方面とに切り離され、そのときに数分間の停車時間があった。雨の日でもゴム長靴を履いている乗客は少なかったが、いつやってくるかわからない犯人を捜すために一日も休むことはできない。

一か月ほど継続したある日、いつものように二人の刑事が車内の捜索をするためにO駅で電車を待った。浅草発の電車が二十一時十三分にO駅に到着したとき、二人の刑事が挟み打ちでもするように車内に乗り込むと、後ろから二番目の車両にR社製のゴム長靴を履いた中年の男が目についた。風変わりな帽子をかぶり、薄茶色のジャンバーを身につけ、きちんとした身なりをしていたから犯人のようには見えない。前の方から乗り込んだ刑事も客をよそおっていたから言葉は交わさず、二人は何食わぬ顔をして男の近くの座席に腰をおろし、雑誌を広げるなどして男の観察をつづけていた。

電車が切り離されてドアが閉まり、I駅行きの電車が動き出したため、警察手帳を示してから職務質問をはじめた。

「どこまで行かれますか」

「どこへ行こうと、おれの勝手じゃないか」

「キップを見せてもらえませんか」

しぶしぶポケットから取り出したが、それはT駅までのものだった。

「どうして乗り越しをしたんですか」

「居眠りをしてしまったんだよ」

「O駅では起きていたようですが」

「起きていようとも、寝ていようともおれの勝手じゃないか」

「勝手といわれても、無賃乗車であるかどうか調べなくちゃならないんです」

「予定を変更して終点まで行くことにしたんだ。そこで支払うことにするが、それでも無賃乗車になるんかね」

「無賃乗車をしているだけでなく、あなたの履いている長靴と同じ足跡が窃盗の現場から採取されているんですよ」

「同じような足跡がついているから、おれが盗みをしているというんかね」

「窃盗の現場からたくさんの足跡をとってあるし、あなたの靴と同じものであるかどうか調べたいんだよ。本署まできてもらえませんか」

相手がどのように出るか、これが最初のテストであった。拒否すれば職務質問をつづけるつもりでいたが、S駅で下車して清算をしたときに電車は発車した。

このとき刑事から報告を受けたのでS駅に急いだ。

「私が捜査の責任者のFですが、事情を聴きたいので本署まできてもらえませんか」

「いやだね」

「名前はなんと言いますか」

どのように質問をしても黙秘したままであり、どこのだれなのかわからない。

「どうして名前を言うことができないんですか」

「言おうと言うまいと、おれの自由じゃないのかね」

　この言葉から一筋縄でいかないことがわかった。

「あなたが農家に盗みに入ったかどうか、それが知りたいだけなんです。あなたが履いている長靴がR社製のゴム長靴でなかったり、足跡が異なっていれば疑いが晴れるんです」

「同じ長靴は、いくらもあるよ」

「それでは、持ち物を見せてもらえませんか」

「いやだね」

「すると、見せたくない物を持っているということですか」

「やましい物は持っていないが、どうしても調べるというんなら裁判官の令状を見せてくれないか。ドロボー扱いされたんじゃ、人権蹂躙で訴えるしかないや」

　突然、大きな声で反発してきた。過去にもこれに似たような経験があったからその手には乗らなかった。

「私は耳が悪くはないんだよ。そんなに大きな声を出さなくても充分に聞こえますよ。悪いことをしていないというんなら、持ち物を見せられるじゃないですか」

　さとすように話しかけると、またもや黙ってしまった。

　すでに乗り越し分は精算されていたし、どのように話しても所持品を見せようとしないために説得をつづけた。私が任意と思っていても相手は強制されたと思うかもしれず、またもやむずかしい判断をせまられていた。

「あなたが履いているゴム長靴と、警察に保管してある足跡をくらべればはっきりすることなんですよ。それでもだめだというんですか」

男とのせめぎ合いとなって説得をつづけると、根負けしたらしくだんだんと抵抗の姿勢が弱いものになってきた。

「それじゃ白黒つけてもらうことにするか」

そう言いながら自ら車に乗り込んだ。

本署にやってきたため、早速、犯罪現場から採取してあった足跡を示した。

「あなたの履いている長靴が、この足跡と同じかどうか調べたいんですが」

男がしぶしぶ長靴を脱いだので対照すると、双方ともにYの紋様が入っており、型もサイズもぴったり一致した。

「このとおり、窃盗の現場にあった足跡と、あなたの長靴が一致しているんですよ」

「同じ靴はいくらもあるよ」

「悪いことはしていないというんなら、名前を言えるんじゃないですか」

「本籍はK県であり、名前はSですよ」

ウソかもしれないと思いながら前歴の照会をすると、窃盗の前科が四つもあり、一年半前に刑務所を出ていることもわかった。

「盗みの前科があることがわかったよ」

「前科があるから、おれが盗みをしたと決めつけるんかね」

犯人と断定することはできなかったが、疑いが増したことは間違いなかった。

「盗みをしていないというんなら、持ち物が見せられるんじゃないですか」

　Sさんはしぶしぶ上着のポケットからさいふを取り出したが、その中にあったのは三万円ほどの現金だけであった。別のポケットにあったのはS町商工会議所の名入りの手ぬぐいであり、ますます容疑が濃厚になってきた。

「手ぬぐいはどこで手に入れたんですか」

「電車内で拾ったんだよ」

　なおも所持品の提示を求めると、しぶしぶ胴巻から札束を取り出した。百万円の札束が二つと数十枚の一万円札であったが、それらにはすべてボールペンで一連番号が書き入れられていた。

「この金は、どこでかせいだのですか」

「おれはギャンブルが好きだし、江戸川競艇や大宮競輪でかせいだものもあるよ」

　二の腕にも腕時計を隠していたり、ポケットにも取り外された金属性のバンドと腕時計を別々にして持っていた。盗まれた腕時計と同じ型であったが、買ったものだと主張するのみであり、どこで買ったかは話そうとしない。

　いつになっても盗んだことを認めないため、腕時計を被害者に確認してもらうほかなかった。Sさんが承知するかどうかわからなかったし、警察署で長時間とどめておくことにも問題がないわけではなかった。

「被害者に確認してもらうことにしたいんだが、この時計を預かってもいいですか」

「盗んだものじゃないんだから、どのようにでもしてくれ」

時計とバンドを持って被害者宅に急行した。腕時計と取り外されていたバンドを主人に見せると、似ているけれど違うようですね、との返事であった。ところが奥さんは、これはあなたのものに間違いありませんよ、と言ったが確認にいたらない。

この話を聞いていた娘さんが、パジャマのまま顔をのぞかせた。

「お父さん、取り外したバンドのコマがどこかにあるんじゃないの」

そう言いながら机の引き出しを探し、取り外された二つのコマを持ってくると、色もサイズもぴったりと合った。

「これだけはっきりしているし、私が盗まれた物に間違いありませんね」

盗まれた腕時計であるかどうかはっきりさせることは、捜査するうえで重大なことであり、間違えば誤認逮捕につながりかねなくなる。

ただちに確認の供述調書を作成し、急いで署に戻ってSさんに説明をした。

「この腕時計は、盗まれた物に間違いないことがわかったよ」

「同じ型の時計はいくらもあるよ。同じ番号の時計だってあるんだよ。盗まれた腕時計と同じ型の物を持っていてドロボーにされたんじゃやりきれないや」

逮捕状の発行を待っていられないとき緊急逮捕が認められているが、これにはいくつかの条件があった。参考書を調べたところ、否認していると疑義があるとの解説もあったため、万全を期すために逮捕状を請求することにした。逮捕状の請求ができるのは警部以上の階級にある者にかぎられており、次席に報告して署名がなされた。

M裁判所まで出かけていって令状を請求することにしたが、往復するのに五十キロもあり、すぐに令状が出るかどうかだって疑問であった。この間は警察にとどめておかなくてはならず、このことにも問題があった。

「これから裁判所へいって令状を請求することにするが、それまで待ってくれますか」

「おれは悪いことはしていないんだから、逃げることはしないよ」

Ｓさんがこのように言ったが、警察署内で半ば拘束していることは間違いなかった。

「この通り逮捕状が出ましたが、何か弁解することがありますか。弁護人を頼むこともできますが、だれにしますか」

「さきほどから言っているように、おれは盗みをしていないんだ。徹底的に争うことにしたから群馬で一番えらい弁護士に連絡してくれ」

弁解録取書にその旨を記載し、留置場に収容することにしたが、看守係がいないために二人の駐在巡査が呼び出された。

二か月におよんだ忍び込み事件の捜査であったが、このようにして犯人の逮捕にこぎ着けることができた。

否認している被疑者をどのように取り調べていくかという難問がのこっており、翌日から本格的な取り調べがはじまった。

Ｓさんは看守に連れられてやってきた。

「おはようございます。夕べは、眠ることができましたか」

「眠れるわけがないじゃないか。ふとんは汚れていて臭いし、留置場はおれ一人だったから静か過ぎるんだ。いつまでもこんなところに居たくないからすぐ釈放してくれないか」

「盗んだ腕時計を持っていて逮捕されているが、それでも認められないんですか」

「盗んでいないんだから、認めることはできないね」

「それでは、この腕時計をどこで手に入れたんですか」

「それには答えたくないね」

「どうしてですか」

「さきほど、言いたくないことは言わなくてもいい、と言ったじゃないか」

「何か、言いたくない理由があるんですか」

「おれは好き好んで警察にきたんじゃないよ。おれが盗みをしていたかどうか、それを調べるのが警察の仕事じゃないのかね」

Sさんには、悪びれたところが少しもない。何回も警察に捕まっているためか、弁解も堂に入っていた。行き過ぎた取り調べをすれば、とことん争う姿勢を示しており、言葉づかいにも気をつけなくてはならなかった。

「Sさんが持っていた腕時計は、被害者によって確認されているんですよ」

「おれは浅草の古物商で買ったんだ。警察では被害者の話を信じているが、間違えることだってあるし、ウソをつくこともあるんだよ」

こんな状態であったから取り調べは少しもはかどらず、昼食の時間になったために被疑者はいったん留置場に戻された。

弁当を食べていたとき、本部の鑑識課から電話があった。

「農家の忍び込み事件ではたくさんの指紋が採取されているが、Sの指紋に合致するものが一つもなかったよ。念のためにT市の現場の火鉢の掌紋と照合したところ、一部が右手の掌紋と合致したことがわかったよ。鑑定書はのちほど作成して送ることにしますが、とりあえず知らせておきます」

午後、取り調べを再開した。

「一年前に軽犯罪法違反で逮捕されているが、どうして二日間で釈放になったんですか」

「それには、答えたくないね」

「住所が不定というけれど、どこかに泊まっているんじゃないですか」

「それにも答えたくないね」

「午前中のつづきになりますが、腕時計を盗んだほかに盗みはしていませんか」

「盗みをしていないんだから、ほかにあるわけがないじゃないか。それは誘導尋問じゃないのかね」

「それでは改めて聞くが、どこかの農家に盗みに入り、上《あ》がり端《はな》にあった火鉢を動かしたことなかったですか」

「そんなカマをかけたって、その手には乗らないよ」

「盗みに入ったとき、床の間の置物や座ぶとんの下を調べたり、かけてある額のうしろを調べたりする者もいるんだよ。指紋がつかないように手袋をしたり、指の爪つめを使ったり、両手の掌で物をはさんで動かす者だっているんだよ。Sさんが火鉢を動かしたことがあるかどうかわからないが、Sさんにはよくわかっていることじゃないですか。これでもカマをかけているというんですか」

どのように弁解したらよいか考えているらしく、しばらく沈黙がつづいた。

「こんな調べ方をされたんじゃ、いつまでもしばらくれているわけにはいかないや。おれの負けだから、かぶとを脱ぐことにするよ」

「どのように脱ぐんですか」

「認めたくないが、認めるほかないじゃないか」

「すると、腕時計などを盗んだことを認めるわけですか」

「証拠がはっきりしていて否認していると、より罪が重くなるし、これからははっきりしたものは認めることにするよ」

「それではすべて正直に話をするということですか」

「話はするよ。おれは何回も警察に逮捕されているが、いままでに一度もSさんと呼ばれたことはなかったよ。どうして、Sさんと呼ぶんだね」

「逮捕したからといって犯人と決まったわけではないし、有罪になってもまれには冤罪ということもあるんだよ。罪を犯しても捕まらない者もいるし、だれも人間であることに変わりはないと思っているんだよ」

「おれは、捜査の手の内も裁判のこともわかっているし、どのように弁解したら言い逃れができるか、どうしたら罪が軽くなるかわかっているんだよ。検事だって弁護士だって裁判官だって、みんな司法修習生の仲間じゃないか。仕事は違っていても先輩も後輩もおり、徹底して争うつもりで弁護士を頼んだが、認めてしまったから今度は刑を軽くしてもらうことにするんだ」

被疑者や被告人が、担当検事の元の上司や検察官出身の弁護士を頼むことはめずらしいことではない。Sさんの話からすると、法廷の外でも目に見えない駆け引きがなされているといえそうだ。

被疑者を逮捕したため、四十八時間以内に身柄を検察庁に送致しなくてはならない。捜査報告書を作成し、弁解録取書や供述調書に証拠品を添付し、検察庁に身柄送致となった。検察庁では二十四時間以内に起訴するか、勾留請求をするか、釈放しなくてはならず、裁判官に勾留請求がなされた。十日間の勾留状が発せられたため、代用監獄になっている留置場にふたたび収容されたため、引き続いて取り調べることにした。

「どうして盗みをするようになったのですか」

「おれは貧しい農家の四男として育てられ、子どものころから満足に食べ物を与えられなかったんだ。近所の子どもは菓子を買うことができたが、おれは買うことができなかったから盗みをするほかなかったんだよ。親にたたかれたがやめられず、人の家から現金を盗むようになって少年院に入れられたよ。大人になっても盗みがやめられず、刑務所に入れられたり、シャバに出たりの繰り返しになっていたんだよ」

「軽犯罪法違反でつかまり、二日間で釈放になっているが、どんなことをしたんですか」

「夏の暑い日、川で体をふいていたときに刑事の職務質問を受けたんだよ。大金を持っていたので盗みをしていると疑われ、軽犯罪法の違反で逮捕され、大金の出所をきびしく追及されてしまった。何月何日の江戸川競艇の第5レースで1～3にかけ、大穴をあてたと説明すると、刑事は電話してウラをとっていたよ。おれが言ったとおりだったから検事が勾留請求をあきらめ、それで二日間で釈放になったというわけさ」

「刑務所を出てから一年半になっているが、どんなことをしていたんですか」

「盗みのほかはしていないよ」

「すると、ドロボー専業ということですね」

「どのように言われようとも、ほかに仕事をしていないんだから仕方がないや」

「住所が不定というが、どこで寝泊まりをしていたんですか」

「山谷のドヤ街で過ごしていたが、冷暖房が効いた映画館で過ごしたこともあったよ。三日に一回ぐらいは盗みに出かけていたが、そのときは時間待ちをしてビニールハウスや神社で休んだこともあったよ。ドヤ街に泊まったときも現金が盗まれないため、いつも胴巻きに隠しておいたし、小銭がたまると銀行で両替をしてボールペンで番号を書き入れ、盗んだ金でないことを証明していったんだ。一度だけだったが、神社の土手で時間待ちをしながら居眠りをしてしまい、前につんのめって顔をすりむいたこともあったよ」

「どのようにして盗みに入る家を探したのですか」

「あちこちをめぐって盗みに入る家を探したが、カギのかかっている家と犬がいる家には盗みに入ったことはないよ。裏口にカギをかけ忘れた家が見つかると、音がしないように少しずつずらせながら開け、家の中に入って様子を見ながら目を暗闇にならしていったんだ。ぐっすりと寝ていることを確かめてから動きだし、台所の作業服や茶ダンスの引き出しなどを調べ、現金や腕時計や貴金属などポケットに入るものしか盗まなかったよ。おれは農家に育ったからカギをかけない家があることを知っていたが、このごろは少なくなったからたくさん歩くことになってしまったよ」

「どうして、さいふと運転免許証を捨てているんですか」

「免許証がなくなれば、だれだって警察に届けるじゃないか。おれにとって必要がないものはみんな捨てていたよ」

被疑者が依頼した弁護人が接見にやってきたが、立ち会うことができないからどんなことが話し合われたかわからない。

R社製のゴム長靴の足跡のある農家の忍び込みは、県下だけでなく埼玉や栃木県下でも多数発生していた。自供によってR社製のゴム長靴の足跡のあるところはSさんの犯行とわかったが、証拠化していくために県内の引き当たり捜査をした。

「この辺に盗みに入った家はなかったですか」

「あの家に盗みに入って女物の指輪をとっているよ。おれは帰りの道を間違えないようにするため、ときどき後ろを振り向いたり、線路を目標にしたりしていたよ。駅から駅までは三キロか四キロだったし、降りた駅からは乗らないようにもしていたよ」

「盗みに入って見つかったことはないんですか」

「一度だけ、見つかって逃げたことがあるよ。パトカーが何台もやってきてあちこち探したが、動くと見つかるからじっとたんぼのあぜに隠れていたよ。見つかれば逮捕されてしまうため、引き上げていってからも一時間以上じっとしていたよ」

二階建ての瓦屋根の家に盗みに入ったとき、台所の臼につまずいたのを覚えていたし、さまざまな形で盗んだことを証明することができた。競艇場や競輪場に出かけていき、きょうは負けて帰りの電車賃がなくなったと言って腕時計や指輪などを処分し、レースの結果を調べたりしていたという。

「あちこちで盗みをしているが、スケジュールはあったんですか」

「同じ方面ばかりいっていると、警察に目をつけられるからＪＲにしたり私鉄にしたり、方面や乗る駅、降りる駅を変えたりしていたよ」

「捕まらないように、どんな工夫をしてきたんですか」

「手袋を持っていると疑われるため、指のつめを使ったり、手のひらを使って指紋はつかないようにしていたんだ。今回は、両手で火鉢をつかんだのが失敗だった。警察が最終の電車や始発を調べたりするからそれを避けていたし、駅に刑事が張り込んでいるかどうか調べ、電車がやってくる直前に乗ったりしていたよ」

「堤防の近くの家までいって引き返しているが、どうしてですか」

「ねらった家に入ろうとしたが、三時を過ぎていたから取りやめたんだ。川の魚は逃げることがあっても、ねらった家は動くことがないからね。また来ればよいと思い、またやって来たのがまずかった」

「すると、勤務時間があったわけですか」

「おれは、十二時から三時までと決めていたんだよ」

「一番印象に残っているのは、どんなときでしたか」

「にわとりを飼っていた農家に忍び込んだときだよ。事務所の机の上に手提げ金庫が置いてあったが、持ち上げるとベルが鳴ると思ったから雑誌の上にずらせながら載せ、暗い桑畑まで持っていったんだ。手探りで手提げ金庫のダイアルをまわし、音と指先の感覚だけで数字を合わせて開けることができたんだ。すぐには紙と札の区別ができなかったが、札の大きさはわかっていたし、手触りや匂いをかいだりしながら区分けをしていったんだ。一万円札を四十九枚まで数えることができたが、五十枚あるはずだと思って何度も数え直したが、あのときほど、ぞくぞくしたことはなかったよ」

Sさんは自慢そうに話したが、こんな気持ちでいるからいつになっても盗みがやめられないのかもしれない。

「いつまでも盗みをつづけていると、しまいには刑務所で死ぬようになるかもしれないよ。足を洗う気にはなれないんですか」

「だめだね。子どものときから盗みをつづけていたし、どうしても仕事をする気にはなれないんだよ」

Sさんにどれほどの良心があるかわからないが、カギのかかっている農家には一軒も盗みに入っていないことがわかった。いままでに働いたことはなく、盗みにスリルを覚え、金を貯めるのがたのしみになっているという。子どものときから三十年以上も盗みをつづけているというから、まさにドロボー人生といえそうだ。

一年半におよんだSさんの犯行は、出身地をのぞいて埼玉、栃木、群馬の三県下におよんでいた。被害の件数は三百件を越えており、現金と腕時計と貴金属の被害を合わせると五百五十万円余にのぼっていた。

「Sさんの捜査が終ったから拘置所に移すことにしたよ」

「それでは、いまからたばこをやめることにするよ」

「どうしてやめる気になったんですか」

「刑務所にいけばたばこが吸えなくなるし、いまから慣れることにしておくんだよ」

どんなにすすめてもたばこを吸おうとせず、意志の強さに驚かされた。

「そんなに意志が強かったら、やめようと思えば盗みだってやめられるんじゃないかね」

「盗みをやめようと思ったことはあったが、身に染みついてしまったんだ。盗みをするのに元手はいらないし、宝物を探すみたいなところがあるんだよ。刑事に捕まらないようにいろいろ工作し、なんとも言えぬスリルがあるんだよ。子どものときから盗みをしており、おれの性分に合っているんだ」

「刑務所はつらくはないんかね」

「たばこを吸うことも酒を飲むことも女を抱くこともできないが、すぐに慣れてしまうんだよ。シャバにいれば寝ることや食べることに苦労するが、ムショでは作業をさせられても寝ることと食べることに苦労することはないよ。むかしお世話になった看守の人たちに親切にしてもらったり、ムショで一緒だった仲間に会うことだってあるんだ。シャバに出れば前科者は相手にされないため、たのしい盗みをするほかなかったんだ」

このように供述したとき、Sさんがどのように生きてきたか知ることができた。Sさんのドロボー人生が環境によるものか個性なのか考えたが、どうしても結論を出すことができなかった。刑事は捜査に創意工夫をこらしているが、Sさんも盗みをするときいろいろ知恵を働かせていたのだ。ドロボーから足を洗うのは困難と思われたが、それでも更生を願ってアドバイスせずにはいられなかった。

一七　ギャンブル狂の男の詐欺

刑事はたくさんの被害者や犯罪者に接し、事情を聞いたり取り調べをしたりする。さまざまな犯罪の捜査をするが、すべてが解決できるというものではない。解決がむずかしいと思われた事件が、ひょんなことが犯人検挙の手がかりになったりするし、容疑が濃厚であっても決め手が見つからずに、はかどらないこともある。

大きな警察署では犯罪の種別によって担当が決められているが、小さな警察署ではすべての犯罪の捜査をしなくてはならない。一般に強盗や窃盗などの犯罪は、犯人を捜すことに苦労させられるが、知能犯罪になると容疑者がわかっても犯罪の立証が困難なことが多い。これだって例外もあるから、すべての事件に当てはまるわけではない。

農家の主婦から詐欺被害の届け出があった。

「交通事故を起こしたといって若い男が見え、『示談するのに一万円足りないのですが、貸してもらえませんか』と泣きつかれ、気の毒に思って貸したのですが、約束の日になっても返してもらえず、だまされたものと思います」

このような届け出があったが、借りたことを忘れていたり、返済するつもりでいても金の工面ができないこともある。詐欺の被害届けがあっても断定することはできず、どこのだれなのか、事故が発生しているかどうか調べることにした。

このような手口の詐欺は寸借詐欺といわれ、形式的には貸借関係になっていることが多い。そのためにだます意思があったことや、返済の能力の有無などを明らかにしなければならなかった。たとえ名目が貸借関係になっていても、だまし取るためにはなんらかの口実が必要になり、このときにウソをつくことが多い。

四日ほどしたとき、もう一人の主婦から被害の届け出があった。

「一昨日、三十歳ぐらいの茶色の服を着た男が見え、『交通事故を起こしてしまったが、示談にするためにどうしても五千円が必要なんです。あすは必ず返済しますから貸してもらえませんか』といい、困ったような顔をしていたため貸しましたが、いまだ返してもらえないのです。何かの手がかりになると思い、男が乗っていた自動車のナンバーをつけておいたのです」

ナンバーによって所有者を調べると、自動車販売会社になっていた。Bさんに割賦販売したが代金が滞っており、自動車を引き上げようとしたが本人も車の所在もわからないという。Bさんの犯罪歴の有無を調べると、詐欺の刑に服して三か月前に刑務所を出ていることはわかった。一か月ほど前から妻子のところに寄りついておらず、Bさんの被疑者写真のほかに十枚の被疑者写真を交ぜ、二人の被害者に閲覧させたところ、いずれもBさんの写真を拾いあげた。

交通事故の申告もなければ、被害者の付近では交通事故は起きていないことがわかった。さらに被害が増えるものと思われたため、逮捕状を得たが指名手配をせずにBさんを追ったのは、事実を確認してから逮捕することにしたからであった。

競輪や競艇などのギャンブルに凝っていることがわかったため、開催日に駐車場をめぐって赤っぽい車を捜した。車に乗り込もうとした男を職務質問し、運転免許証によってBさんであることが確認することができた。

「主婦から被害の届け出があったが、だまして金を借りたことはありませんか」

「ばれたんじゃ、正直に話すことにするよ。交通事故の示談金にするとウソを言い、金を借りたのは間違いないよ」

犯行を認めたためその場で逮捕状を執行したが、所持していたのはたったの二十円であった。本署に連行して学歴や経歴などを聴いてから本格的に取り調べをした。

「示談金の名目で金を借りているが、返済するつもりはあったのですか」

「金は借りましたが、競艇でもうけたら返すつもりでした」

被疑者はこのような弁解をしたため、さらに追及した。

「交通事故を起こしたと話しているが、ほんとうに事故を起こしたのですか」

「起こしましたが、急いでいたので事故の届け出をすることができなかったのです」

「それでは、どこでどんな事故を起こしたのか説明してくれませんか」

「事故は起こしていないんです」

「それではだましたことになるんじゃないですか」

「ギャンブルをする金が必要になり、ウソをいって何人もだましています」

このように事実を認めたため、さらに金の使い道について追及することにした。

「Bさんの逮捕事実は五千円をだましたことですが、どのように使ったのですか」

「早くだまし取らないと競艇に間に合わなくなると思い、午後三時三十分ごろ訪ねていったのです。五千円をだまし取ることができたため、スピード違反や信号無視を繰り返しながらK競艇場に急いだのです。ようやく最終レースに間に合ったため2~3にすべてを賭けたがはずれてしまい、返すことができなかったのです」

「ほんとうに返す気はあったんですか」

「ありません」

「何人ぐらいだましていますか」

「十人以上いますが、最高が一万円で最低が三千円になっており、ほとんどK競艇で使っています。刑務所を出たときにはギャンブルをやるまいと心に誓い、電気店に勤めてまじめに働いていたのです。ところが花火（競艇の開催を知らせる）の音が聞こえると仕事が手につかなくなり、一度だけと思って競艇にいってのめり込むようになってしまったのです。仕事をさぼるようになったためクビになり、家に帰ることもできずに車の中で寝ていたのです」

「この前に詐欺で逮捕になったのも、ギャンブルが原因じゃなかったのかね。刑務所に入られても懲りないようじゃ、いつになってもやめることができないのじゃないのかね。ギャンブルをやめる気があれば、ギャンブルより熱中できるものを見つけることだし、やめることができただけで奥さんによろこばれるんじゃないのかね」

「いまさら、そんなことはできないよ」

「レースを予想している予想屋さんだって、いつも当てているわけじゃないんだよ。いつも当てることができれば、予想屋を廃業してギャンブラーになると思うんだ。八百長レースが行なわれていたとしたら、予想だって当てにならなくなるし、Bさんだって熱中できなくなるんじゃないのかね。ギャンブルという病は、医者だって警察だって治すことはできず、自分でやめるしかないんだよ」

取り調べをしながらこのようなことを言ったが、どれほどBさんの心に訴えることができたかわからない。

ギャンブルに興味のない人だったら、花火の音に興奮することはないが、Bさんは仕事に手がつかなくなったという。ギャンブル依存症になった人のなかには、大穴を当てた経験の持ち主が少なくない。夢よ、もう一度という気持ちがあるのか、大穴を当てたために心理状態がおかしくなったのか、それはわからない。たとえ大穴を当てた経験がない人でも、損害を取り戻そうと考えたり、もっともうけようとするからいつになってもやめられない。

Bさんは友達に連れられ、初めてK競艇にいったとき大穴をあてた経験があった。それから病み付きになってしまい、給料では間に合わなくなって友人から借りるようになったが、返済できなくなって愛想を尽かされていた。サラ金から借りたが焦げつかせるようになり、どこからも借りられなくなって人をだますようになっていた。

ギャンブルが原因で自殺をしたり、家庭不和をまねいたり、犯罪を犯してしまう人がいるが、それでも世の中からギャンブルを追放することはできない。

一八　正月の水難事故

正月の休みは交替で勤務することになっていた。元日は休むことができたが二日は自宅待機になっており、三日は朝から当直勤務が割り当てられていた。元日は何事もなかったが、二日に日本選手権のサッカーをテレビで観戦していたとき、利根川で遭難者が出たために非常召集された。

急いで本署にいくと、赤ら顔の警察官の姿もあった。順次輸送車で遭難現場へ向かったが、ジャンパーの上から冷たい川風が肌を刺してきた。現場に到着すると助かった六人がぼうぜんと立ち尽くしていたので事情を聞いた。

「正月でむかしの仲間が集まり、酒を飲んでから利根川にいき、無断で釣り舟を乗り出したのです。投網がクイに引っかかって釣り舟が転覆し、六人は自力で岸まで泳ぎつくことができたのですが、いまだ一人の行方がわからないんです」

一人が不明とあっては帰ってしまうこともできず、濡れた衣服を身につけたまま震えており、着替えてからふたたび現場に戻ってくるように話した。

消防団員と警察官によって捜索が開始されていたが、川辺には葦《あし》が生い茂っており、流れに近づくことができない。懸命な捜索がつづけられたが何の変化も見られず、いたずらに時間が経過するのみであった。

ずぶ濡れになった衣服を着替えてきたため、ふたたび遭難したときの事情を聞いた。

「東京に就職した友達が帰ってきたため、みんなで酒を飲んだのです。昼飯をすませたときにA君が『利根川にいって投網をぶってみないか』と言い出したため、全員でやることにしたのです。釣り舟の定員が四人ということはわかっていましたが、子どものときから舟遊びをしていたし、無理をして七人が乗り込んだのです。投網をしていたときにバランスを失ってしまい、舟が急流に差しかかったときに投網がクイに引っかかってしまったのです。投網を放さなかったものだから舟が転覆し、全員が投げ出されてしまい、いまだ東京からやってきた仲間の行方がわからないんです」

助かった人たちから事情を聴取していたとき、行方不明になっている若者の両親や親類の人たちが見えた。

「どうして、うちの息子だけ死んでしまったんだ」

まだ、死んだと決まったわけではなかったが、母親はこのように言って泣き崩れた。親類の人のなかにも涙を流していた女性もいたし、だまったまま川面を見つめていた中年の男もいた。

お盆や正月には、たくさんの人が帰省する。どのような行動をとるかまたまちであるが、ハメを外してしまう者もいる。酒を飲んでドライブに出かけ、事故を起こして人を死傷させることもあり、酒が原因のトラブルが起こったりする。

正気のときであっても、おもしろ半分に七人が乗るかもしれないが、酔っぱらっていればさらに危険が増すことになる。無断で他人の舟を乗り出すのもよくないが、遊びが優先してしまうと危険は後に追いやられてしまう。

正月をたのしく過ごそうと思ってやってきたというのに、若者がどこへいったかいまだわからない。幸いに助かった若者だって親しい仲間を失って意気消沈し、たのしみの場が悲劇の場に一変してしまった。舟が転覆しても犠牲者が出ていなければ、笑い話になっていたかもしれないが、若者の死の代償はあまりにも大きいものであった。

利根川が遊びの場になっていた若者にとって、舟に乗ったり、投網を打ったりすることがたのしいことであった。無謀なことだとわかっていても、たのしさが優先してしまうのかもしれない。だれかが危ないからやめようと言い出したら状況は変わったかもしれないが、たのしいことに水を差すのは勇気がいることであった。みんなと同じ行動をしていれば仲間外れにされることはないが、ときには危険の道連れにされることもある。

一九　公害調査

公害対策基本法が施行されたが、その目的は国民の健康を保護し、生活環境を保全するというものであった。その後、大気汚染防止法や水質汚濁防止法が相次いで施行され、罰則が設けられたため、違反の摘発に乗り出すことになった。

窃盗や殺人などの捜査には慣れていても、公害という新たな犯罪に取り組まなければならなかった。一部の警察官には公害について講習がなされていたが、化学的な知識のある警察官はいたって少なかった。

一一〇番通報によって現場に急行したところ、川面にたくさんの魚が浮いたり死んだりしていた。子どもたちがおもしろそうに眺めたり、手にする者がいるなどしたため、広報車を出動させて魚を取らないように呼びかけた。

いくつもの空き瓶やビニール袋を持参し、あちこちの川の水や浮き上がっていた魚を採取し、時間と場所を記入したラベルを張りつけていった。川面の撮影をしながら上流にいくと浮いた魚が見られなくなったが、それでも水の採取をつづけていった。上流にはいくつものメッキ工場があり、それぞれの排水口からも水を採取してはビニール袋に入れていった。採取した箇所や時間をそれぞれの袋に入れて記入し、写真を撮ったり、見取図を作成するなどした。

一連の実況見分を終え、引き続いて川の周辺にあるメッキ工場の聞き込みを行なった。その日に工場が稼働していないところもあったり、事故のあったことさえ知らない経営者がいるなどした。魚が浮いた原因を見つけることができなかったが、最後に訪れた工場にいったとき、工場の責任者が「うっかりして廃液を流してしまいました」と言ったため、改めて排水口の水を採取した。

経営者は知らないと言っていたが、二人から事情を聞いて供述調書にし、採取した水と魚を鑑定するために県本部鑑識課の科学捜査研究所に送付する手続きをとった。

水質汚濁防止法が施行されて間がないとはいえ、公害犯罪の取り締まりが強く要望されるようになっていた。いくつかの公害に関する参考書を読んだが、化学の知識にとぼしかったから容易に理解することができない。

パーセントが百分率であることは知っていても、ＰＰＭが百万分率を表す単位であることを知らなかった。百分率を言葉で理解することはできても、カドミウムの含有量が〇・〇一PPMということになると、どの程度のものであるかまったくわからない。青酸ソーダや青酸カリが猛毒であり、それがメッキ工場で使われていたことは薄々知っていたが、どのように使われていたかはわからなかった。

裁判官の検証許可状を得て検証をはじめるに先立ち、工場を見回りながら経営者から説明を受けた。物理や化学の知識がとぼしかったため、作業の工程を理解することさえ骨が折れ、イオンとか電気分解という言葉が使われるたびに単語の説明を求めなければならなかった。

メッキには電気メッキ法と溶解メッキ法とがあり、この工場で採用されているのは電気メッキ法とのことであった。電気メッキ法は、溶液中に電流を通じて陽イオンと陰イオンに電離する性質を利用するやり方だといったが、イオンというものがわからない。何度も質問して説明してもらい、電気メッキ法というのが、どんなものか少しばかりわかるようになった。

水質汚濁防止法によると、「排出水を排出する者は、その汚染状態が当該特定事業場の排水口において排水基準に適合しない排出水を排出してはならない」とあった。この規定に違反した者は、六月以下の懲役又は三十万円以下の罰金に処する、となっており、排水基準に適合しているかどうか、それが捜査のポイントの一つになっていた。

「私は十年以上も前からこの仕事をしていますが、水質汚濁防止法ができたのでいろいろと設備を改善してきたのです。いままでだって採算のとれるような企業ではなかったのですが、これ以上の設備投資をすることができにくくなっていたのです。公害防止の設備投資をすれば費用がかさむだけであり、利益には少しも役に立ってくれないのです。このまま仕事をつづけるか、それともやめるかの瀬戸際にあり、そのために悩んでいるのです」

検証が終わって雑談していたとき、経営者はこんな愚痴をこぼしていた。工場の責任者は「うっかり廃液を流してしまった」と言っていたが、このことにも疑問が生まれてきた。廃液を処理するための設備が充分に整っておらず、そのまま作業をつづけるためにはひそかに廃液を流すほかなかったのかもしれない。故意か過失か明らかにできなかったが、どのような理由があるにしろ、法律に違反している疑いがあっては取り締まりをせざるを得なかった。

だれもがきれいな水を求めており、法律がなかったときでも有害な物質を川に流してよいはずはなかった。下流では灌漑用水として使用していたり、ろ過するなどして大勢の人が飲料水に利用したりしている。公害が一企業の存亡にかかわる問題だけではなく、たくさんの人命にかかわる重大な問題であることを認識させられた。

二〇　殺人者の再犯

農家の人たちにとっては、自分の田畑で農産物の生産をして生計をたてている。ふだんは静かな農村の人通りがほとんどない畑の中で、農家の主婦が何者かによって殺害されるという事件が起こった。いつまでも戻ってこない妻を探しに畑にいき、死亡していたことがわかったため一一〇番通報をした。現場に急行した刑事によって殺人事件であることが確認され、ただちに全署員の非常召集が発令された。

五十六歳のS子さんの遺体は頭を南に向けており、腰から上には枯葉や土などがかけられていた。首はタオルとエプロンによって二重にしばられており、胸やあごには出血があり、もっとも気になったのが、下半身が裸であったことだった。

この日の午後、被害者は自宅から一キロほど離れたハウス内の草とりをしていた。ハウスの近くには被害者が使用していた鎌が置かれていたが、土がついたままになっていた。死体はハウスから六十メートルほど離れた桑畑の一角にあったが、そこには争った様子は見られなかった。ハウスから遺体のあった場所まで足跡がついており、畑に植えられていたネギが数本折れ曲がっていた。

犯人のものと思われる十数個の足跡を採取することができたが、付近の捜索をしてもなんの資料を得ることもできない。そのため、雑草を刈るなどして広範囲にわたって調べたが、犯罪に結びつく資料を発見することができない。犯行現場から五十メートルほど離れたところに自転車と思われる車轍《しやてつ》があったが、だれのものかわからない。

現場の近くには人家がなく、土地になじみのない人以外は通らないところであった。土地鑑があると思われたために徹底した聞き込みがなされたが、事件にかかわりたくないと思っている人もいるため、情報を得ることができない。

あちこち飛び回って聞き込みをすると、一人の農夫から話を聞くことができた。

「数日前の午後三時ごろ、ネズミ色のセーターを着た男が畑の近くを歩いているのを見ました。百メートルほど離れていたからどこのだれかわかりませんが、格好からして五十歳前後であり、土地の人ではなかったようでした」

被害者が首を絞められていたタオルは、T市の繊維会社でつくられたものであり、農協を通じて養蚕農家に配られていた。被害者が持っていたものかどうか、夫に確認してもらったがはっきりしたことがわからない。

犯罪は社会現象の一つであるが、農村の畑の中で主婦が殺された事件はいままでに類がなく、犯人がどんなタイプの人物か想像することもできなかった。この種の事件はどこに飛び火するかわからず、農家の主婦たちの間に恐怖が広がっていった。

せまい地域であったため、殺人事件があったことはほとんどの人が知っていた。説明しなくても聞き込みをすることができたが、犯人に結びつくような情報を得ることはできない。唯一のものがネズミ色のセーターを着た不審者であったが、どんなに捜査をしてもどこのだれかわからない。

捜査がはかどらないまま日時が経過し、九日間が経過した四月十一日、隣接するO警察署の管内のN集落で八十三歳になる老婆の変死体が発見された。

自宅のベッドで死亡しており、検視の結果、首の周囲に赤い細い線が見られ、首の右に長さ約六センチ、幅約五センチのすり傷があった。発見が遅れていたため顔はうっ血してふくれており、死亡の原因を明らかにすることができない。

両手は腹部に自然な形で置かれており、右手にはぜんそく治療用の吸入器を口に向けて持っていた。両足は伸ばしたままであり、衣服や下着には乱れはなく、乱暴された形跡はまったく見られず、眠っているような状態で死亡していた。室内のベッドのわきのかばんの中には七千円が入ったさいふがあり、殺されたと考えることができなかった。

ところが、隣接する集落の畑で殺人事件があったばかりであり、念のために解剖に付することになった。その結果、細いひものようなもので絞められた窒息死の疑いがあり、殺人の容疑で捜査することになった。

いくつかの法医学の参考書を調べると、急性窒息の鑑定のむずかしさを説いているものがあった。窒息死であっても殺人と決めつけられないものがあることがわかったため、殺人事件の疑いがあっても断定できないことを知った。

二つの事件の関連性の有無について調べると、二つの事件が場所的にも時間的にも接近していることだった。だが、一方は殺害されたことが明らかであったが、もう一方は、殺人事件であるかどうかはっきりしない。それだけでなく、死にいたる経過が大いに異なっており、たとえ二つが殺人事件であったとしても同一の犯人の犯行とは考えにくかった。たとえ病死や自殺であったとして、殺された疑いが少しでもあれば、殺人事件として捜査しなくてはならない。

窒息死とされた老婆の自宅には、非常ベルが設置されていた。刑事がテストしたところ、電池切れで作用していないことがわかり、福祉関係者にショックを与えた。家族や親類の人に介護してもらっている人を除き、各地区の老人クラブの会員が一声かけて様子を見たり、ホームヘルパーの人たちが電話をかけるなどしていたという。このため、福祉関係の人たちからも殺された動機になるような話も聞かれなかったが、それでも殺人の疑いを完全に消すことができなかった。

一方、桑畑で殺された主婦の首に巻きつけられていたタオルは、さまざまな人の確認によって被害者のものと判明した。このために犯人の手がかりとなったのは、農夫が見たネズミ色のセーターを着た中年の男と現場に残された足跡と車轍痕のみとなった。

靴の大きさは二十六センチでM社製のケミカルシューズとわかったものの、スーパーなどで大量に売られていた。車轍痕が自転車であることがわかったが、犯人が使用していたものかどうかははっきりせず、自転車で現場近くにいった者を見た人もいない。ネズミ色のセーターを着ていたり、ケミカルシューズを履いた男を捜して聞き込みをつづけたが、せまい地域なのに三週間以上が経過しても情報が得られない。

一方、窒息したとされる老婆は、人に恨まれるようなことはなかったという。タンスの中には八万円、さいふにも七千円があり、殺しを疑う要素は何一つ見つからない。

この老婆が殺されたのであれば犯人がいることになるが、どのように捜査をしても犯罪の形跡が見られない。解剖の結果は窒息死となっているが、殺人のほかに窒息することがないかどうか、疑問がますます強くなってきた。犯罪の捜査は真相を明らかにするためのものであり、結末がつくまであきらめることはできなかった。

どのように捜査をしてもネズミ色のセーターを着た男が浮かんでこないため、着替えている疑いがつよくなってきた。農夫が間違ったのかもしれないという声さえ出るなど、農婦殺しについても捜査が行き詰まってきた。変質者や性犯罪の前歴者まで捜査の対象を広げることにしたが、この捜査だって簡単なことではなかった。

素行不良者や前歴者の内偵をしたけれど、犯人らしい人物は浮かんでこない。刑事にはベテランも新米もおり、聞き込みのやり方にも技術の差があった。疑いがないと判断するとリストから落とされていったが、この中に犯人がいると、迷宮入りになるおそれがあったため慎重に処理されていた。

新たな情報が得られないまま一か月が過ぎたが、刑事は朝から夜遅くまで一日も休むことができず、五日に一度の当直勤務にもつかなくてはならなかった。

根気強い聞き込みをつづけた結果、ネズミ色のセーターを着た中年の男がMさんらしいとの情報を得ることができた。さらに内偵をつづけると、現在は茶のジャンパーを着ており、自転車をバイクに買い換えており、町内の鉄鋼所で働いていることがわかった。本籍や氏名や生年月日によって犯罪歴の有無を照合すると、強姦や殺人の前科があって保護観察中であった。

いつまでも捜査線上に浮かんでこなかったのは、世間との付き合いがほとんどなく、Mさんの過去を知っている者がいなかったことだった。一年前にT県から異動してきて町工場で働いていたが、失業保険がもらえるようになると退職し、パチンコや競艇などのギャンブルに熱中していた。いままでに結婚したことはなく、無期懲役の判決を受けて昨年の十月に仮出所していたが、親しくつき合っている人はいなかった。

バイクを購入したときに自転車は引き取られていたが、スクラップとして処分されていたため車轍痕を鑑定することができない。バイクの尾行はいたって困難であり、行動範囲が広かったからどこで何をしているのかわからない。Mさんが履いているケミカルシューズの足跡を採取しようとしたが、これもうまくいかず、どうしても決め手をつかむことができない。尾行や張り込みをつづけているとMさんに察知されたが、それでも中止することができなかった。

事件が発生してから三か月以上が経過した七月三日、新たな殺人事件が発生した。この日も刑事がMさんの自宅の周辺で張り込みをしていたが、午後三時ごろにバイクに乗って家を出た。刑事は自動車とバイクを利用し、連携しながら尾行をはじめると、釣り堀で釣りをはじめたため隠れながら張り込みをつづけた。午後四時すぎに釣り堀を出たが、家とは反対方向に向かって十数キロほど走ってW村までいった。

急に県道からそれて農道に入ったため、自動車の追尾ができなくなり、バイクに乗った刑事が農道に入っていった。刑事の尾行に気がついていたかどうかわからないが、Mさんはバイクを止めて松林に入っていった。尾行が困難になってしまったため、Mさんのバイクが見える位置で待機し、三十分ほどたったときMさんは血相を変えて飛び出してきた。バイクにまたがって家の方に向かって走り出したため、バイクの刑事も後を追った。

乗用車に乗った二人の刑事が周辺の捜索をし、野菜畑でエプロンで絞殺されていた農婦を発見した。ただちに捜査本部に報告し、現場周辺の綿密な実況見分がなされ、バイクの車轍痕とケミカルシューズの足跡を採取したが、そのほかの資料を見つけることはできなかった。ただちに足跡の鑑定をしたところ、S町の殺人現場の足跡と同一であることがわかり、解剖の結果も首を絞められての窒息死と判明した。

捜査会議が開かれ、本部の捜査一課長にいままでの捜査の経過が報告され、さまざまな方面から検討がなされた。現場から採取したケミカルシューズの足跡やバイクの車轍痕は、Mさんの履物やバイクのものと酷似していることがはっきりした。Mさん以外に現場にいった者は見当たらなかったため、任意同行を求めて事情を聴くことになった。

早速、二人の刑事がMさん方に出向いていき、松林にいったときのことを聞きたい旨を伝えるとしぶしぶ応じた。

被疑者と断定できなかったものの、捜査係長が黙秘権のあることを告げてから取り調べをはじめた。

「あなたはおととい、どこへいきましたか」

「釣り堀にいきましたが」

「釣り堀を出てからどこへいったのですか」

「家に帰りました」

「W村の松林にいっていませんか」

「そんなところへはいっていませんよ」

「いっていないと言っても、あなたがバイクで松林に入ったのを見ているんですよ」

「いったけれど、サカキを採りにいっただけです」

「それでは、サカキがあることを知っていたんですか」

「探しにいっただけです」

「サカキは、何に使うつもりだったのですか」

「神棚にあげるつもりでした」

「あなたの家に神棚があるんですか」

「ありません」

W村にいったことはないと言ったり、サカキを探しにいったり、出まかせな話であることがわかってきた。事実を知っているのは本人のみであり、どのようにして真実の供述を引き出すことができるか、それが取り調べの技術に左右されることもある。

「神棚がないというのにどうしてサカキをあげるんですか」

「おれは神様を信じているんだよ。神棚がなくてもいいじゃないですか」

「被害者の死亡した時刻と、Mさんが松林にいった時刻が同じなんですよ。殺された現場にケミカルシューズの足跡とバイクのタイヤの跡があったが、それがMさんのものと同じであることもわかったんですよ」

刑事は殺しの現場を見ていたわけではなかったため、追及にも限度があった。

「左手にひっかき傷がありますが、どこでつけたんですか」

追い打ちをかけるように追及したが、何も語ろうとしない。

いくらMさんに容疑をかけても、自供しないかぎり事実を明らかにすることができない。自白を強要することはできないため、取り調べにさまざまな工夫をこらした。

「どこで傷をつけたのか、どうして返事をすることができないんですか」

どのように問いつめても返事をしようとしない。

「おばさんが殺されていた近くには、被害者が履いていた地下足袋の足跡と、Mさんが履いていたケミカルシューズの足跡だけしかないんですよ」

何かを考えているらしく口を開こうとはせず、いつまでも沈黙がつづいた。

「松林にいったとき、おばさんを見なかったのですか」

簡単に返事ができると思ったが、それでも口をとざしたままであった。

供述の矛盾を追及すると黙ってしまったが、苦渋の表情が見られるようになった。

ずばり、殺していませんかと追及すれば、すんなりと自供したかもしれないが、誘導尋問になりかねないために避けた。

「サカキを採りにいったというが、刃物を持っていないし、どうして松林からあわてて逃げてきたのですか」

「実は、私がやったんです」

「何をやったんですか」

「松林にいったら農婦が見えたのでいたずらをしようと思い、後ろから抱きついて服を脱がせようとしたのです。失神したために乱暴ができなかったが、顔を見られたから殺すほかないと思ってエプロンで首を絞めたのです」

犯行を認めたために逮捕状の請求となり、逮捕状を得て通常逮捕した。

引き続いて取り調べをした。

「どうして松林にいったのですか」

「女がいるかどうか、探しにいったんです」

「すると、サカキを採るのが目的ではなく、女にいたずらをするためだったんですか」

「そうです」

このようにしてW村の農婦殺しについては認めたものの、S町の農婦殺しについては徹底して否認していた。

Mさんは T県の生まれで五十三歳の独身であったが、あきっぽい性格のために転々と職を変えていた。傷害や婦女暴行や殺人などで無期懲役で服役していたが、仮出所して実家に戻ったが働き口が見つからない。知人の紹介によってS町に移り住み、町はずれの二軒長屋に住んで機械の部品工場で働いていた。失業保険がもらえるようになるとやめ、パチンコをしたりポルノ映画を見るなどしていたことがわかった。

町にはAさんの過去を知る者はほとんどいなかったし、Mさんはだれにも過去を語ったことはなかった。

S町の農婦の殺人事件について取り調べがつづいた。

「当時、Mさんがネズミ色のセーターを着ていたことがはっきりしたんだよ。犯行直後に自転車をバイクに取り換えたり、服装を変えていることもわかったんだよ」

どのように追及しても頑強に否認するのみであった。

W村の殺人事件については、逮捕してから二十二日目に起訴された。起訴されるとMさんにも変化が見られるようになり、十五日目ほどしたときしぶしぶS町の殺人事件についても認めるようになった。

「否認をつづけていたのにどうして認めるようになったのですか」

「二人を殺したことを認めると死刑になると思い、どうしてもしゃべることができなかったのです」

「以前も殺人事件を起こして無期懲役になっているが、どうしてまた人を殺すようなことをしたのですか」

「自分でもよくわからないんです。刑務所を出てからはだれにも相手にされず、生きていくのがいやになってしまったのです。知人の紹介で遠いS町にやってきたが、素姓がばれるのがこわくて世間話をすることもできず、一人で生活していたが、どのように生きたらよいかわからなかったのです。まじめに働きたいと思ったことは一度もなかったが、生きていくために仕方なく働いていたのです。失業保険がもらえるようになると、会社をやめてパチンコをしたりポルノ映画を見るなどのひま潰しをしていたのです。金がなくなるとむかしのことが思い出され、女に乱暴がしたくなって畑や松林に出かけていったのです。一人でいる女が見つかると、なんともいえない興奮を覚えたが、初めから殺すことは考えていなかったのです。裸にして乱暴しようとしたら騒がれてしまい、顔を見られていたために殺すほかなかったのです」

このようにしてS町の殺人事件も解決したが、婦女をねらうとき興奮し、暴行するときにはなんともいえぬ快感を覚えたという。

被疑者は二十三歳のとき強姦致傷で八年の実刑判決を受け、三十一歳のときには殺人の罪で無期懲役を言い渡されていた。服役の態度がよかったとして仮出所し、担当の保護司の保護観察を受けていたが、Mさんには更生する気があったかどうかわからない。無抵抗の幼児にいたずらをする犯罪者に似たところがあり、Mさんの女性に対する執着心は異常のものがあった。

だれも過去を引きずって生きているが、どうして世間の人たちは前科のある者を温かく迎えることができないのだろうか。世間が前科者扱いにすれば、その人たちだって世間に対する報復を考えるようになるかもしれない。犯罪者だって同じ人間であると考えれば、差別することなくつき合うことができるのではないか。

一方、老婆がベッドで窒息したことについては、どんなに捜査をしても犯罪の疑いをもつことができなくなった。殺人の疑いで捜査をしたためにさまざまな事実が明らかになり、S町の殺人事件の解決によって捜査が打ち切られることになった。

第三章　都市の警察署

二一　副業だった盆栽盗

県内で最小のＳ警察署から最大都市のＭ警察署に転勤になった。捜査一課には三十数名がいて刑事は六つの班に分かれており、捜査第三係長として二つの班を担当することになった。大きな事件は全員で捜査に当たったが、相変わらず点数制度がとられていたから各班で検挙成績が競われていた。

犯罪は時代を映す鏡であるといわれており、盆栽のブームがやってくると、あちこちで高価な盆栽が盗まれた。ほとんどが屋外に置かれているため、防犯活動を強化しても後を絶つことがなく、大事に育ててきた盆栽を盗まれて落胆していた被害者もいた。このような姿を見ると、一刻も早く事件を解決して被害者に返してやりたくなるが、刑事の多くが盆栽の知識にとぼしかった。

一般の商品が盗まれたのであればどんなものか見当がつくが、被害者の説明を聞いてもよくわからない。図示してもらったり、似ている盆栽を見ながら説明を受けたりしたが、識別がいたってむずかしかった。盆栽業者の話を聞いたり、参考書を購入するなどしたが、すぐに身につけることはできなかった。

朝早く、被害者から一一〇番通報があった。

「昨晩の午後十時以降からけさの六時までの間に、庭においた五葉松が二鉢盗まれてしまったのです」

警ら中のパトカーが現場に急行し、刑事も出かけていって被害者から事情を聞いた。

「盆栽のことがよくわからないんですが、盗まれた五葉松はどんなものですか」

「一か所から五本の葉が出ているから五葉松といわれているんです。盗まれたのは直幹《ちょっかん》のもので高さが五十センチぐらい、鉢の大きさは幅が三十センチぐらいで長さが五十センチぐらいの楕円形をしていて、くすんだ黒のものでした」

「おたくにはたくさんの盆栽がありますが、似たようなものがあったらそれを見ながら説明してくれませんか」

「これが黒松の盆栽ですが、斜幹《しゃかん》になっていて鉢が丸いので丸鉢と呼んでいます。まっすぐに伸びているのが直幹ですし、これは長角鉢に活けてありますが、盆栽の形によって懸崖《けんがい》や直幹や双幹《そうかん》などと呼び分けしています。盗まれたのはこの懸崖に似ていますが、これより一回りも大きいため二十万円ぐらいはすると思います」

「被害の書類に添付したいんですが、盆栽の特徴を図で描いてくれませんか」

主人は裏が白になっている広告をもってきてボーペンで描きはじめたが、思うように描くことができない。庭にたくさんの盆栽があったため、もっとも似ている盆栽を見ながら描きはじめ、それを手がかりに捜査することにした。

盆栽が置かれていたところには無数の足跡があったが、家人のものとわかったのは取り除き、残りが犯人のものと思われた。目撃者もいなければ指紋を採取することもできず、付近に人家もなかったため、盆栽のある家を訪ねては聞き込みをすることにした。

「最近、あちこちで盆栽が盗まれていますが、お宅では被害にあっていませんか。もし、盆栽を売りにきた人がいたら、それとなく住所と名前を聞いておいてくれませんか。このごろは講習会商法や、消火器を売りつけるなどのインチキな訪問販売がありますから、それらにも気をつけてくれませんか」

聞き込みにいって世間話をしたり、ときには防犯活動もしたりした。盆栽盗の捜査をはじめてわかったのは、松のほかにも梅やもみじ、柿などたくさんの種類があることであった。松の名前がついているものだけでも、黒松、赤松、五葉松、錦松、えぞ松などがあり、樹形によっても直幹、曲幹《きょっかん》、双幹などがあることがわかった。鉢にも日本鉢や中国鉢があり、陶器や磁器でできているものがあり、長角鉢か丸鉢などの種類があったが、鉢は変えることができても盆栽を変えることはできない。盗んだものを隠しておく適当な場所もなく、このことが捜査するうえでは都合がよかった。

少しばかり盆栽の知識を身につけることができたため、聞き込みにも役立つようになり、被害者の話を聞いてもどんなものか見当がつくようになった。

つぎつぎと盆栽のある家を訪ねていき、被害にあっていないかどうか、盆栽の売り込みがなかったかどうか尋ねた。

ある盆栽業者にいったとき、有力な情報を得ることができた。

「私のところは被害にあっていませんが、半月ほど前、二人の若い男が五葉松の盆栽を売りにきたことがありました。盆栽については素人みたいだったし、うさん臭い連中と思ったので買いませんでしたが、話し振りからして土地の人のようでした」

別の盆栽業者にも売り込みがあり、この業者は五葉松の盆栽を買い受けていたが、盗まれたものかどうかはっきりしない。

刑事日報にはいろいろあったが、今回は「品あり持ち主を求む」によって手配をした。各地で盆栽の盗難事件が発生していたが、五葉松の盆栽の被害がもっとも多かったのが千葉県であった。被害品には特徴などが記載されていたが、写真が添付されていなかったから、業者が買い受けた松かどうかわからない。被害者に電話して確認しようとしたが、どうしても明らかにすることができないため、業者が買い受けた盆栽をさまざまな角度からカラーで撮影し、被害にあっていると思える人に郵送して回答を求めた。

いずれも、私のところで盗まれたものではありません、という回答があり、事実の確認にはいたらない。

一方、県内の「庭荒」や「野荒」の手口の前歴者をリストアップし、盆栽を売りにいっているかどうか調べることにした。リストに載っている人たちのなかには結婚している者もいれば、まじめに働いている者もいた。名前をあげて聞き込みをすれば手っ取り早く白黒をつけることができるかもしれないが、風評をまき散らされるおそれもあった。そのため、盆栽を積むことができる自動車を所持しているかどうか、そのことを重点にして捜査することにした。

碁盤がある家にいくと囲碁の話をし、ゴルフの用具が見えるとゴルフの話を聞くなど、相手の趣味を探りながら話をしたこともあった。顔見知りの人のところへ聞き込みにいくこともあれば、行き当たりばったりということもあったが、知らない人から思いがけない貴重な話を聞かせてもらうこともあった。

リストに載っていたGさんが、ライトバンを所持していることがわかったが、どんな仕事をしているかわからない。内偵しているうちに、屋根の修理をしていることがわかったが、どの方面に仕事に出かけているかわからない。

Gさんのことをよく知っている知人のところを訪ねた。

「このごろ、Gさんはまじめにやっていますか」

「以前は屋根屋さんの手伝いをしていたことがありましたが、いまは一人でやっており、朝早くライトバンででかけて遅くまでまじめに働いているようですよ」

盆栽を積んで帰ったことがあるかどうか、そのことを質問したかったが取りやめた。ライトバンで出かけて遅くまで働いていることがちょっぴり気になり、内偵をつづけることにした。

Gさんの家の外には盆栽を置くような場所がなく、積んで帰ったとしてもどこかに処分しなくてはならない。聞き込みをつづけていたところ、ライトバンに盆栽を積んで帰るのを見た、との情報を得ることができた。さらに捜査をつづけると、K町のPTAの会長さんが盆栽を買っているらしい、という話を耳にすることができた。

事実の有無を確かめるために会長さんの家を訪れた。

「会長さんが、松の盆栽を買ったという話を聞いたのですが、買っていたら見せてもらえませんか」

「先月の中旬、二人の見知らぬ若い男が売りにきたので、三十五万円のものを二十五万円に値切って買ったんです」

「その人たちの人相などはわかりませんか」

「一人はまったく知らない人でしたが、背の高い人は数年前に屋根の修理を頼んだとき、A町のK親方と一緒にやってきた人のような気がします」

これだけの話を聞くことができたため、Kさんを訪れた。

「むかし、Gさんがお宅で働いていたことがありましたか」

「ありましたが。何かしたんですか」

「盆栽を取り扱っているという話を聞いたんですが、そのことは知りませんか」

「知りませんね」

ＰＴＡの会長さんに売り込みにいったのがGさんであり、もう一人の背の低い男が一緒に屋根の修理をしているHさんらしいとわかった。だが、ＰＴＡの会長さんが購入した盆栽が盗難にあっているものかどうかはっきりしない。

ふたたびカラーで撮影し、似ている盆栽を盗まれた人たちを調べて郵送した。

五日ほどしたとき、千葉県の被害者から電話による回答があった。

「私が盗まれた盆栽のような気がしますが、現物を見ないとはっきりしません」

特徴を尋ねると、盗まれた盆栽の疑いが強くなり、確認してもらおうと思ったが、出かけることができないという。もう一人の被害者からも盗まれた盆栽に似ているとの電話による回答があったため、千葉県まで出かけていって確かめることにした。

盆栽が傷まないように荷作りをして輸送車に積み込んだが、途中、何度か異常の有無を確かめた。一人の被害者のところへいくと、似ているけれど私が盗まれたものではありませんね、と言われた。空振りになるかもしれないと思ったが、もう一人の被害者が、これは私が盗まれたものに間違いありません、との回答があり、ホッとさせられた。その場で確認の書類をつくると返還を求められたが、すでに第三者にわたっていたため、さしあたって捜査が一段落するまで待ってもらうことにした。

ＰＴＡの会長さんが買った盆栽は、千葉県下で盗まれたものとわかったが、Ｇさんの犯行と断定することはできない。そのため、ＧさんとＨさんの二人に任意出頭を求め、盆栽の入手先について事情を聴くことにした。

ＧさんとＨさんの二人を呼び出したところ、Ｈさんはおどおどしていたが、Ｇさんは堂々としていた。

最初にＨさんの取り調べをした。

「どこから盆栽を仕入れてきたのですか」

このように尋ねると、盗んできたことを自供したが、具体的に話そうとしない。

Gさんの取り調べをすると、友達に頼まれて売ったと供述するのみであり、その人の名を明かそうとしない。

ふたたびHさんの取り調べをした。

「どうして盆栽を盗んだのか、具体的に話してくれませんか」

「Gさんがオーナーになっており、おれは雇われて屋根の修理を手伝っていたんだよ。仕事が順調にいっているときはよかったんだが、あぶれると日当がもらえず生活に困るようになったんだ。仕事がとれない日がつづいたときGさんから、『盆栽が高く売れるから仕事がないときにはもらって帰ることにするか』と相談されたんだ。反対すれば日当をもらうことができず、仕事がないときは盆栽を盗んでは帰り、盆栽業者や知人に売っていたんだ」

Hさんがこのように自供したため、Gさんの取り調べをした。

「Gさんの話はHさんの話と食い違っているんだよ。どちらがウソか、Gさんにはわかっていることではないですか」

「Hがしゃべったんじゃ、ほんとうの話をすることにするよ」

このように二人が自供したため通常逮捕し、引き続いて取り調べをした。

自供によって売り先が判明したため、買い受けの供述調書を作成して盆栽の任意提出を受けた。買い受けていた人のなかには盆栽業者も会社の社長さんもおり、新聞に出さないようにしてください、と泣きついてきた公務員もいた。安すぎることに疑問を抱いた人もいたと思われるが、それを口にする人は一人もいなかった。

盆栽の数がだんだんと多くなり、置き場に困っただけでなく、水やりなどをしなければならなかった。盆栽に明るい刑事がいなかったため、盆栽業者の指導をあおいで作業をしていたが、いつまでつづくかわからなかった。

二人が売った盆栽は、売り先がわかっただけでも二十八鉢にのぼっており、すべてを盗んだと供述していた。盗んだ先がわからないため、被害者を探さなければならず、すべての盆栽をさまざまな角度からカラーで撮影をし、それらに番号をつけて小冊子にして被害者に郵送して、確認の有無の返事をもらうことにした。

つぎつぎと回答が寄せられてきたが、同じ番号のところに丸をつけた被害者が複数いたり、一つもないものがあるなどしたから確認も容易ではなかった。そのために再確認することになり、確認済みの盆栽を除いてすべての盆栽を輸送車に積み込み、該当すると思われる被害者のところへ出かけていった。被害者が広範囲に渡っていたため、一日だけでは終わらず、二日つづきの出張になってしまった。

このようにして大部分が確認できたため、二人の被疑者を取り調べながら事実を確かめていった。いずれの被害者も夜間に盗まれており、手口もみんな同じようなものであったから取り調べは比較的スムーズにいった。

余罪の捜査が終了したため、証拠品の盆栽を検察庁に送ろうとしたところ、保管場所がないとの理由で断られた。引き続いて水やりなどの作業をすることになったが、水が少ないと枯らすおそれがあり、やりすぎると根ぐされすると言われた。

盆栽の被害者の一人から、インチキな屋根の修理をされて大金をだまし取られたとの訴えがあった。訴えられていたのはGさんとHさんの二人であり、詐欺の疑いがあったため二人から事情を聴くことにした。

「どのようにして、屋根の修理の注文をとり、どのような修理をしていたのですか」

「屋根の修理を必要とするような家を片っ端からまわり、きょうの仕事がおしまいになるので特別に安くしておきますよ、と言って注文をとるのです。たくさんまわると一つぐらい注文がとれますが、仕事がないときには暗くなるのを待ち、ねらいをつけておいた盆栽を盗んできたのです」

「すると、盆栽を盗んでいたのは副業だったということですか」

「いつの間にか、そうなってしまったのです」

「インチキな屋根の修理をしていたという話を聞いているんだが、どのようなやり方をしていたんですか」

「おれが屋根の修理をしていると、下でGさんからもっと厚くていねいに塗ってくれ、という声がかかるのです。屋根の上でオッケイと返事をしていましたが、使われていたのはすべて反対語でした」

　詐欺の疑いがあったものの、遠隔地であっただけでなく、立証が困難なために捜査を見合わせることになった。

　初犯のHさんには反省が見られたが、前科のあったGさんからは反省の言葉を聞くことはできなかった。Gさんは主犯であっただけでなくHさんのオーナーでもあり、共謀していたといっても二人の罪に軽重があるのは明らかであった。二人がどのような処分をされるかわからないが、ふたたび犯罪を犯さないことを願うのみであった。

念入りに捜査したはずであったが、どうしても明らかにすることができない松の盆栽が一鉢あった。すべての被害者は無償で返還されることを望んでいたが、警察は民事に介入することができず買受人に仮還付した。

管内に発生した盆栽の窃盗事件はいまだ解決にいたらなかったが、千葉県下で発生していた盆栽の窃盗事件はほとんど解決することができた。このことが大きく新聞で報道されてからは管内の盆栽の被害もなくなったが、その理由はよくわからない。

二二　ひったくり犯の追跡捜査

ひったくりは、すれ違うときに行なわれることもあれば、銀行帰りなどをねらう計画的なものもある。どちらも被害者に顔を見られてしまうため、人通りの少ない場所や暗がりだけでなく、人込みのなかで行なわれたりする。盗んだ車やバイクを利用したり、犯行直後に変装したりするため犯人の特定や追跡が困難になる。

いきなり金をひったくられたとき、犯人の人相などをどれほど正確に覚えることができるだろうか。このような犯罪にあっては指紋や足跡を残すことは少なく、目撃証言もあやふやなことがあり、犯人を特定するのがむずかしい。

三月二十日の午後三時五分ごろ、一一〇番通報があった。

「いま、G銀行S支店から出てきた女性がかばんをひったくられ、ドロボーと叫んだため、近くの商店の店員が犯人を追っかけていきました」

無線を傍受したパトカーが現場に到着したとき、犯人が自転車を盗んで逃げた直後であった。各所で検問が実施されたり捜索がなされたりしたが、犯人の手がかりを得ることはできなかった。

駆けつけた刑事が被害者から事情を聞いた。

「きょうは会社の給料日になっており、銀行から七百三十万円をおろし、黒のビニールのかばんに入れ、小脇にかかえて銀行を出たのです。信号待ちをしていたとき、後ろからきた若い男にかばんをひったくられ、男は駆けて逃げていったのです。後ろ姿だったから人相はわかりませんが、身長が百七十センチぐらいで髪が長く、白っぽいトレンチコートを着ており、若い男のようでした」

被害者がこのように供述し、さらに犯人を追跡した店員からも事情を聞いた。

「被害者の叫び声を聞き、犯人が逃げていくので百メートルほど追いかけたが、自転車を盗んで逃げたために追いつけなくなったのです」

このように言ったため、逃走方向を中心に捜索をはじめると、三百メートルほどのところに犯人が乗り捨てたと思われる自転車が放置されていた。付近の聞き込みをしたが、その先の逃走径路はまったくわからない。

多数の警察官が動員され検問や捜索に当たったが、数分したときにタクシーの運転手さんから届け出があった。

「さきほど、すれ違いに白い乗用車に接触され、追跡することができずに逃げられてしまいました。白っぽい服を着た男が運転していましたが、人相はわかりません」

運転手さんの話によって逃走径路の一部がわかり、そのことが無線で追加手配された。

さらに追跡捜査をしていると、普通貨物自動車の運転手さんから、道路にトラックをとめておいたところ、右側の前の部分を当てられて逃げられてしまい、接触した箇所に白っぽい塗料がついていたし、相手の車の右の前部が壊れているのではないかと思います、との届け出があった。逃走したのが白っぽい車両であり、右側の前部に衝突痕があると思われたために具体的な手配がなされた。

一方通行の道路を逆走しており、土地の道路事情にくわしくない者と思われた。すれ違いにタクシーに接触したり、停車していたトラックに衝突するなどしており、あわてていた様子もうかがえた。

前部を破損したと思われる白っぽい逃走車両は、検問にはひっかからなかった。あちこち捜索していると、H医院の駐車場に放置されていた白っぽい車両を発見したが、犯行現場から三キロメートルほど離れていた。すでに三十分以上も経過しており、犯人が車両を乗り捨てて、どのようにして逃走したかわからない。

放置されていた自動車のナンバー照会をすると、二日前に都内で盗まれていたことがわかった。付近の捜索をするとともに、H医院の人が犯人を見ているかもしれないと思って受付の女性から事情を聞いた。

「トレンチコートを着た若い男が、『トイレを貸してくれませんか』と言って見えたのです。一、二分で出ていきましたが、年齢は二十五歳ぐらい細面の色白で髪の毛は短かったと思います」

この女性ははっきりと犯人を見ていたが、犯人と気づいて見ていたわけではなかった。それでも十数分が経過していただけであったから、比較的に犯人の人相や服装などを覚えており、刑事の質問にもてきぱきと答えていた。

犯人が脱ぎ捨てたと思える白のトレンチコートはハンガーにかけてあり、服装を変えていることが充分に考えられた。ただちにそのことが無線で伝えられたが、どんな服装でどの方向に逃走したかまったくわからない。

付近の捜索や聞き込みを実施していると、白のクラウンの乗用車が盗まれたとの届け出があり、またもや追加手配となった。

クラウンが盗まれた場所は、H医院から百五十メートルほど離れた市道であり、S町方面に向けてとめてあった。逃走先の捜索をつづけながら隣接するS町へいったとき、白のワイシャツや茶の背広がごみ箱の上に無造作に捨ててあったが、犯人とつながりがあるかどうかはわからない。

盗んだクラウンの乗用車で逃走しているものと思われたが、その後の犯人の行方はまったくわからない。

この日、犯人を見た者は被害者を含めて八人いたが、ほとんどが後ろ姿であった。犯人をはっきりと見ていたのはH医院の窓口の女性だけであり、銀行内には三台のビデオカメラが設置されていたが、トレンチコートを着た男を見つけることはできなかった。

さまざまな角度から検討され、犯人が二十歳代で県外からやってきた見方がつよくなったが、結論を出すにいたらない。手がかりになるのはクラウンの行方であり、関東一円の警察に手配した。

　盗まれたクラウンが翌日の夕方、都内で駐車違反の車両として発見され、警視庁から連絡があった。だれが運転していたか不明とのことであり、刑事と鑑識係員がただちに都内に出張して鑑識活動や聞き込みが実施された。

　放置されていた車両の実況見分をしたところ、キーはついたままになっていた。被害者のものと思われるたばこや、かばんはそのままになっており、燃料タンクは満タンになっていた。盗まれたとき満タンになっており、百三十キロメートルほど走ったあとに給油していることがわかった。遺留した物は見当たらなかったが、車両からたくさんの指紋を採取できたため、被害者の指紋と合致したものを取り除いて犯人を割り出すことにした。

　犯人が都内にいる可能性が強くなってきたため、警視庁に捜査の協力を得て自動車盗やひったくりの前歴者を洗うことにした。

　指紋は弓状紋、甲種蹄《てい》状紋、乙種蹄状紋、渦状紋に大別されており、二つの盗難車両から採取した弓状紋と対照していった。被疑者写真にしても指紋で割り出すにしても、気の遠くなるような作業であったが、根気強くつづけられた。

　犯罪が発生して三か月ほどしたとき、都内のＫさんの小指の指紋がＨ医院に放置されていた車両から採取した指紋と合致した。早速、Ｋさんの被疑者写真を取り寄せ、数枚の写真とともにＨ医院の受付の女性や目撃者に閲覧させたところ、Ｈ医院の女性は迷うことなくＫさんの写真を取り上げた。

　指紋が合致したし、写真によって確認することができたため、逮捕状を得てＫさんの行方を追った。

Kさんは少年時代に二回、自動車盗の補導歴があった。成人してからは事務所荒らしで逮捕され、実刑の判決を受けてことしの六月に出所していたことがわかった。盗んだクラウンを都内に放置してからの足取りは不明であったが、過去の犯罪はいずれも関東一円で行なわれていた。犯人はいままで都内の東部地区を生活の拠点にしており、その方面を重点にして行方を捜すことにしたが、刑事は地理が不案内だったため捜査ははかどらなかった。それでも知人や親類の人を捜しては訪ねていったが、見ず知らずの他県の刑事に協力してくれる者は少なかった。

愛想をつかしたという友人から、二日前にレンタカーで見えたことがありました、という話を聞くことができた。用件については話してくれなかったが、ただちに都内の各レンタカー会社に手配し、さらに聞き込みをつづけてKさんの行方を追った。

数日したときにDレンタカー会社から、Kさんが立ち寄っているとの電話が本署にあった。都内にいた覆面パトがDレンタカー会社に急行し、警察手帳を示さずにいきなり、「Kさんですか」と尋ねると、「あんたはだれだい」と言ったため、改めて警察手帳を示してから運転免許証の提示を求めた。

Kさんであることがはっきりしたため、ひったくりの容疑で逮捕状が出ている旨をつげると、おれは何も悪いことはしちゃいねぇよ、と言った。

「あなたは、M市内で女性から七百万円ほど入ったかばんをひったくったとして逮捕状が出ているんですよ。言い分があったら警察にいってから聞くことにするよ」

「逮捕するというんなら、逮捕状を見せてくれないか」

「逮捕状は本署にあるが、Kさんに逮捕状が出ていることは間違いのないことなんです」

このようなやり取りをしているとき、逃走する気配を見せたため取り押さえて手錠をかけた。ホクロがないかどうか調べるためにマスクを取りはずすと、手術をしたあとに絆創膏がはりつけられていた。

本署についたので本格的な取り調べがはじまった。

「大金を持っているが、どこで手に入れたんですか」

「おれがかせいだ金なんだ。盗んだものじゃないよ。盗んだというんなら、それを証明してくれないか」

否認のまま検察庁に身柄が送られ、裁判官から十日間の勾留が認められた。

「どうして否認をしているんですか」

「前から言っているように、おれはM市にきたことがないんだよ」

「乗り捨てた車からKさんの指紋がとれたんですよ」

「そんなもの信用できるもんか」

「目撃者だっているんだよ」

「M市にきたことがないのに、目撃者がいるわけがないじゃないか」

連日のように取り調べがつづぎ、被疑者と刑事の根比べみたいになってきた。どのような取り調べをしても、被疑者は徹底して否認しており、刑事はねばりづよく説得をつづけていくだけであった。

「否認をつづけていても、盗まれた自動車からKさんの指紋がついていていては弁解の余地がないと思うんだが」

　このように追及すると何か考えているらしく黙ってしまった。認めるか別の弁解をするか考える者がいるが、これも被疑者に見られる現象である。

「おれは、いままでにM市にきたことがないんだよ。おれをだまそうと思ってもその手には乗らないよ」

　犯罪者のなかには証拠を突きつけても、絶対に自供しない者がいる。自供すれば罪をまぬがれることはできないが、否認していれば起訴されないこともあるし、無罪を勝ち取ることができると考えている者もいる。

「H医院の受付の女性に顔を見られているんですよ。それでもM市にきたことがないと言い張るんですか」

　このように追及すると、何か考えているらしく黙ってしまった。このようなときに自白するか悩んだりするケースがある。

「いままでM市にはきたことはないと言ったが、実は、二人でひったくりをやったんだよ。信じてもらえないかもしれないが、横浜で遊んでいたときに知り合ったサブちゃんというやつだよ」

　初めて共犯者がいることを話したが、捜査の段階では共犯がいる様子はまったく見られない。被害者がひったくられたときも、逃走途中にタクシーと接触する事故を起こしたときも仲間の姿はなかった。犯行後、都内のキャバレーの二人のホステスに十万円ずつチップを与えているが、そのときも一人であった。

被疑者は連日のようにレンタカーを乗りまわし、数十万円のステレオを買ったり、両親に高級な家具を買い与えていたり、実家の近くの郵便局に三百万円を預けていたこともわかった。見張りをしていたサブちゃんに二百万円の現金を渡したと供述したのは、はじめてであったが、それが事実かどうかはわからない。

被疑者が共犯説を打ち出していたが、それには事実の裏づけがなかったため、単独犯として起訴された。起訴されるとKさんは軟化するようになり、取り調べにも素直に応じてすべてを自供するようになった。

「いままで否認したり、共犯者がいると供述していたが、どうして認めることになったんですか」

「証拠がはっきりしているのに否認をしていると、罪が重くなってしまうからさ」

「S県の信用金庫から出てきた女性がひったくられた事件も、犯人があなたに似ていると証言しているが、それには関係がありませんか」

「刑務所にいってから再逮捕されるのもいやだから、この際、すべてしゃべることにするよ。いままでは、M市にきたことはないとか、共犯者がいるとウソをついてきたが、みんなおれが一人でやったことなんだよ。S県でも銀行から出てきた女性のかばんをひったくっているが、それもおれが一人でやったんだよ。おれがやったのは、今回の分を合わせて三回だけだよ」

「それでは、どのようにしてひったくりをしていたのですか」

「お客のような格好をして大きな銀行にいき、あやしまれないようにしながら様子を見ていたんだよ。何人もの人が金の出し入れをしており、今回は、大金を受け取ってかばんに入れた女性にねらいをつけたんだよ。銀行を出たので後をつけ、信号待ちで立ち止まったので、後ろからひったくって逃げたとき、男の人に追いかけられたため自転車を盗んだんだよ。逃げるために都内で盗んだ車を用意しておいたが、あわてて逃げたものだから事故を起こしてしまい、医院の駐車場に乗り捨てて着替えをしたんだよ。白のトレンチコートを脱ぎ捨てたから職務質問されなかったし、キーがついていたクラウンが見つかったので盗み、一度も検問を受けずに東京まで戻ることができたんだ」

被疑者は、以前は車上ねらいをしていたが、いくらもかせぐことができないためにひったくりに転向したという。二度はひったくりに成功したが、三度目で捕まる身になってしまったが、反省の様子はまったくみられない。

犯罪の決め手になったのは、逃げたときに放置された自動車から採取した指紋であり、否認しても起訴されると判断したらしかった。

他の警察署から被害書類が送られてくると、Kさんの供述と合致しているかどうか、確かめながらの取り調べとなった。二つの犯行にも矛盾が見られなかったため追送致し、ひったくり事件の捜査を終えることができた。

二三　黙秘と断食の抵抗

中年の男がアパートに盗みに入り、住民に見つかって逃走した。追いかける方が足が早かったから百メートルほどで追いつかれ、所持していた折りたたみのナイフで抵抗したが取り押さえられた。それを見ていたアパートの住人から一一〇番通報があり、無線を傍受したパトカーが急行し、現行犯逮捕された犯人の引き渡しを受けた。

本署に連行されてきた被疑者は、当番になっていた私が取り調べることになった。血走った眼をしており、一見して常習者のように思えた。

取り調べに先立ち、逮捕事実の要旨を告げて弁解の機会を与えたが黙ったままだった。弁護人を選任できる旨を告げたが、返事がなかった。本籍や氏名を尋ねても、何を聞いてもしゃべらないため弁解録取書が作成できない。

「指紋をとらせてくれませんか」

「いやだね」

このとき初めて言葉を発した。

強制的に指紋を採取して本部の鑑識課に送付すると、すぐに身元が判明した。本籍がF県で氏名がBであり、M県から窃盗で指名手配されていた。

逮捕した被疑者は数十万円の現金と二個の指輪を所持していたが、そのなかには真新しい千円札が二十枚あった。

「現金と指輪はどこで手に入れたんですか」

「警察で調べりゃいいじゃないか」

ときたましゃべることがあったが、ほとんどが反抗めいた言葉であり、どのように質問をしても黙秘の態度をくずそうとしない。いまだ弁解録取書さえ作成することができず、供述調書だって本籍と氏名と生年月日が書き込まれただけであった
アパートには二人の被害者がおり、現金や指輪が盗まれていたことがわかったので、被害届を出してもらった。

逮捕した男や一一〇番通報をしてくれた女性からもくわしく事情を聞き、現行犯逮捕にいたるいきさつがはっきりした。所持していたメノウの指輪は、アパートの住民が盗まれたものとわかったが、現金はどこから手に入れたかわからない。

真新しい千円札を二十枚持っており、入手先を尋ねても何も語ろうとしない。どのように追及しても黙秘したままだった。

取り調べが難航しているとき、女性から電話による被害の届け出があった。

「仕事を終えて家に帰ったら部屋が荒らされており、茶ダンスに入れておいた給料袋が盗まれていたのです。はっきりした金額はわかりませんが、現金が二十万円以上あり、その中に千円の新札が二十枚入れてありました」

二人の刑事と鑑識係が出かけていき、実況見分をしたり、被害者から事情を聞いたりした。被疑者が所持していた真新しい二十枚の千円札は、女性が盗まれたものと思われたために事実を明らかにすることにした。

女性が勤めている会社の経理担当者に電話をすると、従業員の給料にはすべて新しい千円札を二十枚ずつ入れているという。名簿順によってすべての従業員に二十枚の新しい千円札を入れてあったため、被害者の前後に支払われた従業員について調査した。被疑者が所持していた二十枚の新しい千円札と一連番号になっており、盗まれたものであることを確認することができた。

「Bさんが持っていた新しい千円札が、盗まれたものであることがはっきりしたよ」

「盗まれた現金を持っているから、おれが盗んだというのかね。おれが盗んだというんならそれを証明してくれないか」

「それでは、だれから受け取ったのですか」

「それは言いたくないね」

このように取り調べがつづいたが、その間にしゃべったのはわずかであった。

夕食の時間になったので取り調べを終え、留置場に収容したが食事には手をつけようとしない。どうして食事をしないのか尋ねても無言であり、その理由がわからない。

その日の捜査によって被疑者の身元がわかったが、黙秘したり断食をしている理由がわからない。盗まれた指輪や現金を所持していても認めず、取り調べがどのようになるのか見当がつかない。

実況見分を終えて戻ってきた刑事の報告を受けた。

「足跡はどこにも見られなかったが、いくつかの指紋をとってきました。現金と指輪が盗まれていますが、盗まれた指輪は被疑者が持っているのと同じようです」

朝から取り調べをすることになったが、看守の話によると、被疑者は朝食にも手をつけなかったという。

「おはようございます。夕べは休むことができましたか」

「ブタ箱にほうり込まれて眠れるわけがないじゃないか」

「きのうから黙秘や断食しているけれど、きょうは話す気になりましたか」

「実は、おれが持っていたダイヤの指輪が警察にきてからなくなってしまったんだ。盗まれたと思うんだが、だれが犯人か調べてくれないか」

一筋縄でいかないことがはっきりしてきたが、逮捕したとき被疑者の持ち物はすべて写真に撮ってあった。

「Bさんの所持品はすべて写真に撮ってありますが、この中には盗まれたというダイヤの指輪は見当たらないよ」

「その前に警察が隠したんじゃないのかね。警察のやっていることなんか信用できるもんか」

逮捕された事実については何も語ろうとせず、しきりに捜査の不正をなじった。雑談にも耳を傾けようとせず、いまだ弁解録取書も供述調書を作成することができない。どんなに否認しても逮捕された事実をくつがえすことはできそうになく、それが捜査の強みになっていた。

どうしてこれほどの抵抗をつづけるのかわからないため、被疑者を取り調べたことのある警察署に問い合わせた。その署でも断食や黙秘の抵抗をつづけていたが、いまだその理由がわからないという。

被疑者からはなんの供述も得られず、いつになっても肝心の書類を作成することができない。逮捕から四十時間後、捜査報告書とともに身柄を検察庁に送致したが、検事さんの取り調べでも黙秘をつづけていたという。検察官の勾留請求がなされ、裁判官から十日間の勾留状が発せられたため、ふたたび留置場に収容された。

本格的な取り調べがはじまったが、どんな話にも乗ってこない。質問の声だけがせまい取調室にひびき、むなしいような時間が経過するのみであった。いまだ黙秘と断食の抵抗がつづいており、いままでにこのような被疑者を取り扱ったことはなかった。

いつまでもこのような状態がつづいたため、取り調べが生温《なまぬる》いのではないか、という声が聞かれた。だれにどのように非難されようとも、被疑者には黙秘する権利があり、マイペースのやり方を変える気にはなれなかった。

数日もすれば断食をやめるのではないか、と思っていたが、水分はとっても食事をしようとしないし、どのような説得も功を奏することがなかった。どこに住んでいたかわからないため、身辺の捜査をすることもできない。

修道僧ならいざしらず、盗みを常習にしていると思われる被疑者が、いつまで空腹に耐えることができるのだろうか。質問をしても返事はなく、雑談にも耳をかたむけないため、とりつく島もない。

一週間が過ぎても断食がつづいていた。警察医に診察してもらったが異常はないという。十日が過ぎても変化は見られず、取り調べがどのようになっていくかわからない。検事さんの取り調べでも黙秘していたが、二回目の勾留請求がなされ、裁判官からふたたび十日間の勾留状が発せられた。

いつになっても黙秘の姿勢に変化はみられず、どのような生活をしてきたかまったくわからない。被疑者が所持していた現金や指輪の中に盗まれたものがあったが、どのように追及しても何もしゃべらず、黙秘と断食の抵抗がつづくだけであった。このため警察医に相談し、おむすびをつくって被疑者の態度を試すことにした。

逮捕して二週間が過ぎたとき、ふたたび警察医に来診してもらった。

「この前にきたときから、何も食べていないというじゃないですか。医者として見過ごすことができず、女房がつくったおむすびを持ってきたよ。私は警察の捜査には関係がないし、食事をしないと体にも悪いよ」

腹をすかしていると思われても、妙なプライドがあったらしく、食べたいようなしぐささえ見せない
「医者として、食べるのを見届けないかぎり帰るわけにはいかないんだよ」

「いつまでも断食していると、先生に迷惑をかけてしまうからいただくことにするか」

やや間をおいてから、照れ隠しのようにしておむすびを口にした。

それにしても、二週間も断食をつづけていたのにはびっくりさせられた。おむすびを食べたのをきっかけに留置場の食事を口にするようになったが、否認の態度を改めようとはしなかった。

どうして断食をつづけていたのか尋ねたかったが、被疑者を刺激したくなかったために取りやめた。留置場の食事をするようになってから少しは雑談に耳をかたむけるようになった

が、黙秘の姿勢を変えることはなかった。

「Bさんはいくつも指輪を持っているが、どこで手に入れたんですか」

「おれは好き好んで警察に来たわけじゃないんだよ。そんなに知りたかったら警察で調べりゃいいじゃないか」

黙秘の抵抗の姿勢にも少しばかり変化が見られるようになったが、否認の態度には変わりなかった。被疑者が県内に住んでいたり、犯行が県内とわかっていればそれなりに捜査ができたが、全国を荒らしまわっているらしく、ぞう品照会をしても被害者が見つからない。以前、盗んだ物はおれの物だ、と考えている被疑者を取り調べたことがあったが、ことによるとBさんには、危険を犯して盗んだ物だから奪われたくない、という気持ちがあるのかもしれない。

捜査する側には一定のルールがあったが、被疑者は拘束されていても心までしばられているわけではなかった。黙秘することもウソをつくことも自由だし、何度も警察に捕まっていたから捜査の手の内を知り尽くしていた。

被疑者は盗まれた物を持っていても、買ったという主張を変えることはなかった。盗まれた物であっても、第三者の手をへることもあり、盗んだと断定することはできない。現行犯逮捕された事実さえ認めようとせず、指輪や現金を盗んだことに間違いないと思われても自供を得ることができない。

どのように説得したら翻意させることができるか、それが当面の課題になっていた。真実を明らかにするためには自供は欠かせないものであったが、任意性を疑われるような取り調べをすることはできない。

膠着状態になってしまったため、ふたたび、被疑者を取り調べたことのある地元の刑事に電話をし、どんな家庭環境に育ったか尋ねた。

「父親は中学校の校長をしていたことがあり、兄は現在も県庁に勤めており、親類の人には警察の問題になった人は一人もおりません。本人は高等学校のときに空き巣で二回補導され、高校を中退させられて犯罪をくり返すようになったようです」

Bさんの人となりが少しわかってきた。たとえ警察嫌いであっても、警察の悪口雑言《あっこうぞうごん》を並べ立てようとも、それに腹を立てることはできない。被疑者は少年のときに盗みをして補導されているが、そのときにどんな取り扱いをされたのだろうか。警察の補導に問題があったかどうかわからないが、教育熱心だったという父親からきびしく叱責されたことは想像することができた。

毎日が言葉のキャッチボールみたいなものであったが、返ってくる言葉はあまりにも少なかった。

黙秘をつづけていた被疑者であったが、逮捕から二十二日目に事後強盗の罪で起訴された。M県から指名手配されていた窃盗の事実については、供述調書が作成できないまま書類送致となった。証拠が明らかになったものは、否認のまま書類が検察庁に送られ、検察官の判断にゆだねることになった。

逮捕したときのBさんの目付きは鋭かったが、一か月以上もたつと表情が少しばかり柔和《にゅうわ》になってきた。盗みに入ることはできないし、警察に追われることもないし、規則正しい生活をするようになって心が落ち着いてきたのかもしれない。断食には限界があったから食事をするようになったし、このごろは黙秘をつづけることが苦痛になってきたらしく、少しは雑談するようになった。

雑談をしているうちにどんな生活をしていたか、推測できるようになった。

「どこかに好きな女がいるんじゃないですか」

「そんなもの、いるわけがないじゃないか」

推測の範囲だからはっきりしたことはわからないし、追及する姿勢を示せばよりかたくなになることがわかっていた。

「われわれは家に帰って休むことができるが、Bさんの留置場暮らしも一か月以上になってしまったね。一日の休みもなく取り調べを受けており、気の毒になってしまうよ」

「それなら早くブタ箱から出してくれ」

「すべてを自供すれば、早く済むと思うんだよ。いつまでも我を張っていないで、ほんとうのことをしゃべったらどうかね」

いろいろのことをしゃべりながら探りを入れたり、裏づけをとったりしているうちにK市内のアパートで生活していたらしいことがわかった。

「K市内のアパートで情婦と暮らしていたことがわかったよ」

「おれには情婦はいないし、アパートで生活したことはないよ」

このように否定をしていたが、雑談をしながら探りを入れると、ついに情婦のいるアパートを突き止めることができた。

裁判官の索差押令状を得ることができたため、情婦の立ち会いによってK市にあるアパートの一室を家宅捜索した。

部屋に入ると、壁には数台の高級なカメラがぶら下がっていたし、戸棚にはたくさんの洋酒のびんが並んでいた。タンスの引き出しのボックスからはたくさんの指輪が見つかったが、どれが情婦のものであり、どれが被疑者の持ち物であるかはっきりしない。

「どれがあなたの物であり、どれがBさんの物かはっきりしないので区分けしてくれませんか」

「私にはFと言っていましたし、Bという名前をはじめて聞きました。それではこれからFさんの物だけをここに並べることにいたします」

盗んだ物かどうかはっきりしなかったが、情婦の持ち物以外はすべて任意提出書に記載して捜査の対象にすることにした。カメラやウイスキーなどは、容易に任意提出書の品名欄に記載することができたが、貴金属となるとわからないものが多い。

ダイヤなど一部は知っていたが、はっきりした名称を記載するため書店に出かけていって宝石辞典を買い求めてきた。一つ一つを辞典と現物を照らし合わせながら記載していった。それでも明らかにできないものがあったため、写真を撮ったり、図示するなどして特定していった。

任意提出を受けた数は三十点にものぼっていたが、被疑者がどのようにして手に入れたのか情婦は知らないという。

家宅捜索を終えてから情婦の話を聞いた。

「私がK駅前の食堂で働いていたとき、食事に見えるようになったのです。奥さんが交通事故で死亡したため、出稼ぎにやってきて建設会社の工事現場で技術者として働いているといい、設計図や工具などを見せてくれました。形見の品だというダイヤの指輪をくれたので信用するようになり、アパートを借りて一緒に生活するようになったのです」

被疑者の行動が浮き彫りになってきたが、すべてが明らかになったわけではない。偽名を使っていたり、妻が交通事故にあって亡くなったとウソをついていたり、情婦もだまされていたことがわかった。

「Bさんについて、ほかに知っていることはありませんか」

「旅行と写真を撮るのが好きらしく、ときどき旅に出かけていました。一度だけパック旅行に連れていってもらいましたが、旅先でお年寄りや娘さんの写真を撮ったりしていました。帰ってきてから写真を郵送したこともありましたし、旅のついでに届けたりしていました。三か月ほど前のことですが、銀行に勤めていた二人の女性がアパートに訪ねてきたことがありました。旅先で撮ってもらった写真のお礼だといい、おみやげを持ってきてくれたため、二人の女性にそれぞれの誕生石をあげていました」

被疑者は旅が好きだったとしても、そのほかのねらいはなかったのだろうか。趣味と実益を兼ねているのかもしれないが、それよりも気になったのが、どうして二人の銀行員に高価な宝石をあげたか、ということであった。

アパートの捜索をされ、たくさんの品物が押収されたことを知った被疑者は、不満の表情をあらわにしていた。押収して品物をどのようにして手に入れたか、品物を見せながら取り調べをすすめることにした。

「どうしてたくさんの高級なカメラを持っているんですか」

「たくさん持っていると、それが罪になるんかね」

「カメラだけでなく、たくさんの指輪があったが、これらはどこで手に入れたんですか」

「みんな買ったものだよ」

盗んだことを自供すれば、被害者に確認してもらって還付することができたが、買ったと主張しても、どこで買ったか話そうとしない。

刑事日報の「品あり持ち主を求む」によって手配したところ、何人かの被害者が見つかったために追及することにした。

「このカメラが、F県で被害にあったことがわかったんだけれど」

「盗まれたものかもしれないが、おれは浅草の古物商から買ったんだ」

どこの古物商か追及すると、覚えていないといい、どのようにしても盗んだことは認めようとしない。

「イニシャルが入っている結婚指輪があるが、これはどこで手に入れたんですか」

「それだって買ったものだよ」

「イニシャルのある結婚指輪を売る人はいないと思うんだが」

「買ったから買ったと言っているんだ。盗んだというんなら、おれが盗んだという証拠を見せてくれないか」

盗まれたことがはっきりしても、このような主張をくり返すばかりであった。

「結婚指輪を買ったといわれても、それは信用することはできないよ。結婚指輪を返してやりたい気にはなれませんか」

「捕まっているおれが捜査に協力することはないよ。それを証明するのが警察の仕事じゃないのかね」

被害者を見つけて返してやりたかったが、どうしても認めようとしない。これらの品物は危険を犯して盗んだ報酬と考えているのか、これから生きていくための糧にしようとしているのか、それはわからない。

真実を明らかにするためには証拠を収集するだけでなく、自供も欠かせない重要なものである。自供が得られるかどうかは取り調べの技術に左右されることもあるが、Bさんのかたくな心の扉を開かせるには心理学などが必要になってくる。このために虚々実々のかけひきがつづけられたが、容易に膠着状態を打開することができなかった。

せまい密室にあって朝から晩まで取り調べを受けていれば、精神状態だっておかしくなるかもしれない。人間が人間を取り調べるのだから感情的になることもあるが、Bさんには感情の変化があまり見られない。それでも事後強盗で起訴されてからは、だんだんと抵抗が弱いものになってきた。

「いまだわからないのは、どうして断食をしたかということなんだよ。父親が学校の校長であったり、兄が県庁の公務員であり、高校の成績がよかったが盗みをして補導されたこともわかっているんだよ。医者は病人を治療したり、Bさんの健康診断をしておむすびを与えたではないか。Bさんの意志の強いことはわかっているが、盗みから足を洗う気にはなれませんか」

「高校のときに盗みをしたとき、おやじにこっぴどく叱られたんだ。警察にはドロボー扱いされるし、友達からも相手にされなくなってやけを起こしたんだ」

「それだけの理由で盗みをつづけていたとは思えないんだが」

「ほんとうのことを言うと、おやじや刑事に反発するつもりで盗みをはじめたんだ。盗みをしているうちにスリルを覚えてしまい、やめようとしたがどうしてもやめられなくなってしまったというわけさ」

これが本心であるかどうかわからないが、心情を話すようになった。

「これからまじめに生きる気になれば、すべて正直に話せるんじゃないかね」

「そんな気にはなれないね」

以前のような強い抵抗の姿勢が見られなくなり、追及をつづけることにした。

「黙秘したい気持ちはわかるけれど、イニシャルのある指輪を盗まれた人たちは困っているんじゃないのかね。Bさんが結婚したとき記念の指輪をあげたかどうかわからないが、二人にとっては大切なものだと思うんだ。いつまでも買ったと言い張っていないで、その人たちのことを考え、返してやりたい気にはなれませんか」

「全国を旅していたからどこで手に入れたか覚えがないが、イニシャルのある指輪は買ってはいないと思うよ」

このようにしゃべったのははじめてであった。それでも妙なプライドがあったらしく盗んだことは口にしようとしない。

被害者がはっきりしたものについて追及していくと、だんだんと認めるようになったが、自分からは明かそうとしない。

「どうしてすべてが認められないんですか」

「おれは捜査に協力するためにやってきたんじゃないよ。盗んだことがはっきりしたものは、否認していても起訴になるから認めることにしただけだ」

「Bさんの盗みは病気みたいな気がしてならないんだよ。ふつうの病気なら医師が診察して治療するし、犯罪は刑務所に入れられて更生することが可能になるんだよ。Bさんは刑務所に入れられてもやめられないとなると自分で治すほかないんだよ。たとえむずかしくとも断食をする思いをすればやめれると思うよ」

以前なら反発したかもしれないが、表情も変えることもなく黙っていた。

「どうして群馬県に逃げてきたのかね」

「刑事がおれの捜査をしていることがわかったため、ダチ（友達）の名を使って警察に探りを入れたんだ。Bの居場所を知っているよと言ったとき、返事の仕方で指名手配されていることがわかったんだ。土地にいられなくなったため、あちこち逃げまわっているうちに群馬にやってきたというわけさ。盗みをしたり働いたりしていたとき、駅前の食堂のS子とつき合うようになり、アパートで暮らすようになったんだ」

「奥さんに仕送りをしていたようだが、逃げてきてから会ったことはあるんですか」

「電話で連絡し、隣の街のホテルまで呼び出して何回か会っているよ。女房も警察をマークするのを慣れているから助かるんだ」

被疑者の心はゆれているらしく、被害者がわかったものについてはしぶしぶ事実を認めるようになった。

「コインロッカーを利用していたこともわかったんだが」

「盗んだ物をアパートに持ち帰ることができないとき、一時的に利用したことがあるよ」

「ホステスにあげた指輪があるが、どこで手に入れたんですか」

「盗んだ指輪を持ってキャバレーにいき、女房の形見の品だとウソをいい、機嫌をとったこともあったよ。これはS子と同棲する前のことだが」

盗みという言葉が禁句になっていたらしく、いままでBさんの口から盗んだという言葉は聞かれなかった。ようやく盗んだという言葉を発するようになったが、反省している様子はまったく見られない。

「Bさんが偽名でY鉄鋼所の作業場で働いていたとき、近くの新築住宅から現金と指輪が盗まれており、その指輪をBさんが持っているんだけれど」

「昼休みのとき、奥さんが玄関のカギをかけて出かけるのが見えたんだよ。仲間にはトイレにいってくるとウソをいい、急いで盗みにいって現金と指輪を盗んだことは間違いがないよ」

「いまだわからないのは、どうして断食をつづけていたかということなんだよ」

「警察に屈伏したくない気持ちがあったのは確かだが、どじをふんだおれに腹が立ってしまったんだ。黙秘しているうちに断食をしようと思ってはじめると、いつまでつづくか試したくなったんだ。医者がおむすびを持ってこなかったら、もっとつづいたかもしれないが、あれが限度だったかもしれないね」

このように供述したため、どうして断食をしたか理解することができた。

被害者がはっきりしても認めなかったり、しぶしぶ認めるなど気持ちがゆれていることがわかった。だんだんと人の心に強さと弱さのあることがわかるようになったが、どうしてもBさんの心を開かせることはできなかった。

被疑者の全面的な自供を得ることができず、不本意な形で捜査を終えなければならなかったが、断食や黙秘の抵抗にあったのははじめてであった。犯罪の素因はそれぞれが異なっており、環境によるものか個性によるものか明らかにするのはむずかしかった。裁判がどのようになるかわからないが、実刑になったとしても何年か後には出所することになる。二か月近く取り調べをしてBさんの気持ちを理解できたし、アドバイスが少しでも役立ってくれることを望むだけであった。

二四　ある聞き込み

犯罪が発生すると被害者から事情を聞き、実況見分などして事実を確認していく。指紋や足跡などを採取するのは当然であるが、真実を明らかにするために聞き込みをしたりするが、相手に話す気がなければ聞き込みはできない。

どこへいってどんな聞き込みをするか、目的をもって訪ねることもあれば、行き当たりばったりのときもある。世の中から犯罪をなくしたいと思っている人であっても、積極的に捜査に協力してくれるとはかぎらない。証人になることをわずらわしく思ったり、なかには警察の捜査に協力したくないと思っている人だっている。このような人たちからいかにして真実の話を聞き出すか、創意と工夫が必要である。

釣りのうまい人のところへ聞き込みにいったとき、おもしろい話を聞くことができた。

「私は十数年のキャリアがありますが、最初のころは手帳や水温計などを持っていき、どんな条件のときにどんな魚が釣れたかメモしておいたのです。天候、時間、場所やエサによっても釣れる魚が違いますし、だんだんと釣りの奥深さを感じるようになったのです。たくさんのデータが集まると、どこへいけばどんな魚を釣れるかわかるようになりましたが、これだって間違っていることもあります。いままでの経験によってはっきりしたことは、魚がいないと釣れないということです」

この話を聞いたとき、聞き込みにも当てはまるのではないかと思ってしまった。

会社社長のMさんを訪ねると奥さんは不在であり、主人は奥座敷で電話中であった。玄関には中年の女性が電話が終わるのを待っていたが、なかなか終わらないため、私は自己紹介をして世間話をはじめた。

女性は食品会社に勤めていると言ったが、名前は明かすことはしなかった。私も食品に興味があったのであれこれ質問をしたり、相づちを打ったりしていたとき、いきなり嬰児の死体遺棄事件について尋ねてきた。

「三か月ほど前になりますが、私が勤めている会社の近くで、生まれたばかりの赤ん坊がごみ捨て場から見つかった事件がありましたが、あの事件はどうなっているんですか」

「いまだ検挙になっていませんが、何か、心当たりがあるんですか」

「会社の人のうわさを耳にしていただけですから、はっきりしたことはわからないです」

「はっきりしていなくても、捜査にはむだがつきものですから役に立たなくてもいいんですよ。差し支えなかったら、そのうわさがどんなものか話してくれませんか」

「私がしゃべったことがわかると、困ってしまうんです」

言いたくないということは、うわさが重大なカギを握っているからではないか。だが、執拗に質問をつづければ、ますますかたい口を閉ざしてしまうおそれがあったため、気分転換をはかって話題を変えた。

「このごろ、訪問販売にだまされる主婦が多いということですが、だまされたということはありませんか」

「消防署の人のような服装をし、『消防署の方からやってきたんですが、法律によって消火器の設置が義務づけられており、取りつけさせてもらえませんか』と言われたが、おかしいと思ったので断ったことがありました」

「生まれたばかりの赤ん坊を捨てるような人は、独身の女性かも知れませんね」

「それが、そうではないんですよ」

「すると、うわさされている女性は結婚しているということですか」

「捜査にやってきた刑事さんは、独身の女性を重点にして聞き込みをしていたようですが、会社のなかではうわさをしてもだれも刑事さんには話をしませんでした」

「うわさの人というのは、どこのだれですか」

「そんなことは、私の口からは言えませんよ」

「それでは、いくつかの質問をしますからイエスかノーで答えてくれませんか」

「答えられることだったら答えることにいたします」

「会社の人ですか、それとも会社以外の人ですか」

「会社の人です」

「結婚している人ですね」

「はい」

「子どもはいますか」

「はい」

「警察で会社の人の指紋をとったと思いますが、その人はどうでしたか」

「私も指紋をとられましたが、その人は休みをとっていたから、とられませんでした」

「どうして、うわさにのぼるようになったのですか」

「おなかが大きかったが、騒ぎがあったころからふつうになったからですよ。出産したという話はだれも聞いていなかったから、うわさにのぼったのだと思います。このような話をしたくなかったんですが、つい、つられてしゃべってしまいましたが、私の名前は絶対に出さないようにしてくれませんか」

「私は、あなたがどこのだれか知らないんです。その心配はいりませんよ」

電話を終えた主人が見えたため、嬰児の死体遺棄の話はすぐに打ち切られた。

会社の関係者で指紋を採取していないのは二人だけであり、結婚をしていたのは一人だけであった。この女性に焦点を当てて捜査をすると、嬰児が捨てられる直前、大きなおなかをしていたことがはっきりした。

任意同行を求めて取り調べをすると、すぐに事実を認めたために死体遺棄の罪で逮捕状を請求して逮捕した。当時、ごみ捨て場に捨てられていた嬰児の死体を解剖したが、生産児なのか死産児なのかはっきりさせることができなかった。そのために殺人の罪に問うことはできず、死体遺棄事件として処理せざるを得なかったが、嬰児の死体が発見されなかったら永久に埋没していたかもしれない。

二五　憎さがのこった折檻死

寒さの残っていた三月一日の午後八時ごろ、N病院から電話があった。

「母親が幼児を連れてきましたが、すでに死亡しており、体のあちこちに殴られたような傷があるので連絡します」

病院から知らせがあったので駆けつけた。

医師の説明を聞いてから子どもの死体を見ると、あちこちに傷痕があった。折檻死の疑いがあったため、殺人か、傷害致死か、それとも保護者に過失があるか、いずれかを明らかにしなくてはならなかった。

つぎに母親から事情を聴いた。

「六歳の長女と三歳になる長男と三人で食事をしたが、長男がぐずぐず言い出して食事をしようとしなかったのです。腹が立ったので後片付けをして、長男を残したまま部屋を出てしまい、三十分ほどして戻るとぐったりしていたため、救急車を頼んで病院に運んでもらったのです」

母親はくわしく話したがらないし、この話に納得することができなかった。

「いつまでもここで話を聴いているわけにはいかず、本署で説明してくれませんか」

「あまりにも長男がかわいそうであり、警察に行く気にはなれないんです」

「死体を警察まで運ぶことになっており、一緒に来ていただきたいんですが」

「はい、わかりました」

しぶしぶ警察にやってきた。

「体のあちこちに傷ができていますが、どうしてできたのですか」

「ベッドから落ちたときにできた傷だと思います」

このように言い張っており、折檻した事実を認めようとしない。

「腕にやけどの跡がありますが、これはどうしてできたんですか」

「遊んでいたときに転び、ストーブに触れたからでした」

「腕にも足にも皮下出血と思われる傷跡がありますが」

「私が働きに出かけていたとき、何かいたずらをしたものと思います」

「どのようないたずらをしても、自分の背中に傷はつけられないと思うんですが」

「それだったら、私が棒で殴っているかもしれません」

「やけどをしたり、棒で殴ってけがをさせたとき、どのような治療をしたのですか」

「どうなってもいいと思ったから、治療は受けさせなかったのです」

「きょうは、どのような折檻をしたのですか」

「何度も頭を殴ってしまいました」

「頭を打てば死ぬ危険があると思うのですが、どんなことを考えて折檻をしたのですか」

「長男が憎かったし、死んでしまった方がいいと思っていたのです」

殺人事件として捜査をすすめたが、N子さんにどれほどの殺意があったかわからない。

「長男が死亡したことについて、いま、どんなことを考えていますか」

「いまでも別れた夫が憎いと思っています。長女は私に似ていたのでかわいがっていましたが、長男は夫に似ていたため憎らしかったのです」

「どのように折檻をしたか、具体的に話をしてくれませんか」

「ベビーラックに腰かけさせて食事をさせようとしたが、食べないために腹が立ってしまい、頬を平手で殴ったのです。そのときにベビーラックがひっくり返り、温水器で頭を打ってしまったのです」

このように取り調べをしていたとき、解剖の結果がはっきりした。それは外傷性ショックというものであり、胃の中が空っぽになっていたことも明らかになった。このために殺人の罪で逮捕状を請求し、通常逮捕して引き続き取り調べることにした。

「解剖の結果、胃の中が空っぽになっていることがわかったのです。どんな物を食べさせていたか、それとも食べさせていなかったか話してくれませんか」

「食べさせようとしたが、食べなかったのです」

「やけどの跡はストーブに触れたのとは違うようですが、どのようにやけどをしたか、くわしく話してくれませんか」

「腹が立ったため、やかんの熱湯をかけたのです」

別れた夫を憎みつづけていたため、長男が死亡しても悲しみの感情を抱くことができず、ふつうの人間の心を持ち合わせていないように思われた。

「どうして夫と別れ、どうして憎みつづけているのですか」

「夫は酒乱であり、乱暴がやまないために二年前に協議離婚したのです。生まれたばかりの長男を抱えて生活に困ってしまい、働くために乳児院に預けたのですが、二歳になったので引き取らざるを得なかったのです。働くことができないために生活に困ってしまい、育てるのが面倒になり、食事を与えなくなったのです。このままでは死ぬかもしれないと思ったが、医師の診察を受けさせる気にもなれなかったのです」

「いまは、どんな気持ちでいますか」

「やり過ぎたことを反省していますし、後悔の気持ちでいっぱいです」

子どもがなつかないため折檻したというが、このように乱暴をしていたのではなつくはずがない。ほんとうの親であるかどうかは関係がなく、子どもは親切にしてくれる人を好きになるものである。別れた夫を憎んだとしても、どうして長女をかわいがって長男を憎んだのか理解できなかった。子どもには何も悪いことはないのに当たり散らすのは筋違いであり、殺人の罪に問われても致し方ないことである。

乳児院を出るときには丸々と太っていたが、死亡したときには目をそむけたくなるほど衰弱しており、折檻が長くつづけられていたことがわかった。

家庭内の暴力はさまざまであり、住まいがからんでいるだけに悩みは深刻である。ささいなトラブルであっても、長くつづくと我慢の限界を越えてしまうと冷静な判断ができなくなり、思いがけない凶行に走ってしまうことがある。

親が子どもを殺したり、親が子どもに殺されるという悲劇になったりするが、これもストレスの発散によることが多い。今回は抵抗のできない幼児が母親の折檻によって殺されたが、どうしてこのようなむごいことができるのだろうか。

N子さんは殺人罪で起訴され、検察側は常軌を逸した残虐な行為であり、情状酌量の余地はないとして懲役八年を求刑した。これに対して弁護側は、折檻というけれど、これは一種のしつけであり、被告人には殺す意思がなかったことは明らかであると反論した。

被告人は反省の言葉を口にしており、一人ぼっちの長女がかわいそうでならないんです、と涙ながらに訴えていたという。どんなに反省したとしても奪われた命は戻らないし、残虐な行為が許されるはずはない。

何回かの公判を重ね、逮捕されてから六か月後に傷害致死で懲役五年の実刑が言い渡された。弁護側の主張がいれられて罪名が殺人から傷害致死に変更されたが、判決文のなかでは、死亡した幼児が受けた苦痛と恐怖は想像するたびに胸が痛み、母親の資格はまったくないと断罪された。

二六　夫に殺された間男

夫婦げんかの一一〇番通報はめずらしいことではなく、パトカーが駆けつけると収まってしまうケースが少なくない。世間からは円満と見られていても、仲の悪い夫婦がいることを知っている。裸のままけんかをしていて目のやり場に困ることもあれば、物を投げつけてけがをさせることもある。夫婦げんかの形態はさまざまであり、仲裁に入ってとばっちりを受けることもあるから対応するのがむずかしい。

当直勤務についていたとき、夫婦げんかをしている、との一一〇番通報があった。すぐに収まるものと思いながら覆面パトカーがサイレンを鳴らしながら出かけていくと、途中、一人が包丁で刺されて重体、と変更された。

現場に到着すると、被害者は救急車で運び出されるところであった。座敷にはべっとりと血がついており、出刃包丁を右手にしてぼうぜんと立ちつくす男がいた。この男はこの家の主人であり、そばで泣き崩れていたのはその妻であった。

主人から事情を聴いた。

「私は長距離トラックの運転手をしていますが、仕事がキャンセルになったので家に戻ると、玄関に見慣れぬ男の靴があったのです。風呂場で声がしたのでいってみると、女房が知らない男と一緒に入っていたのでカッとなり、出刃包丁で男の胸を刺したのです」

このように犯行を認めたために現行犯逮捕し、泣きじゃくっている妻は、刑事にさとされて重い口を開いた。

「夫はまじめすぎるほどまじめで、私の相手をしてくれることが少なかったのです。夫が出張しているときに憂さ晴らしにカラオケバーに出かけていき、ここでAさんと知り合ったのです。Aさんの奥さんは病弱だと聞かされて親しくなり、付き合ってから三か月になりますが、夫の留守に家に招いてビールなどを飲むようになったのです。いままでは一緒にふとんに入ったことはなかったのですが、ビールを飲んでいるうちに意気投合して風呂に入ったのです。いきなり夫が戻ってきたために急いで風呂から出たのですが、座敷に戻る途中で出刃包丁で胸を刺されてしまったのです」

病院に運ばれたときには、すでに被害者の死亡が確認されていた。身元を確認するために奥さんに電話することにしたが、どうしても死亡したことを伝えることができない。

「こちらはM警察署のFですが、おたくのだんなさんと思われる人がけがをし、G病院に運ばれたのです。いま、原因を調べているところですが、けがの程度がわからないので病院に問い合わせてくれませんか」

ウソが緩衝《かんしょう》の役目を果たしてくれるものと思い、このように伝えた。

病院にやってきた奥さんが夫であることを確認したが、こんな場合、泣き崩れたり、取り乱すことが多い。ところが奥さんは、夫に愛想をつかしていたのか、悲嘆にくれた様子はまったく見られなかったという。夫婦の関係がどのようなものであったか想像するほかないが、愛し合っていなかったことは間違いなさそうだ。

被疑者の取り調べがはじまった。

「奥さんに男がいたことはわかっていましたか」

「まったく知りませんでした」

「あなたはまじめで会社を休んだこともなく、酒を飲まないということですが、奥さんから不満はなかったのですか」

「私は口数が少なかったし、じっくりと妻と話をしたことはなかったのです」

「どうして殺したのかわかりますか」

「妻の浮気に気がついていれば、それなりの対応ができたかもしれませんが、まったく知らなかったのです。座敷でビールを飲んでいただけだったら我慢できたかもしれませんが、二人で風呂に入っていたのを見たものだからカッとなってしまったのです。殺そうと思って刺したわけではなかったが、とっさのことだったのでよくわからないんです」

「包丁で胸を刺せば、死ぬことはわかっていると思いますが」

「それはわかっていますが、なんであんなことをしてしまったのか、いまは反省しているだけです」

　この主婦と殺された男と一緒に風呂に入っていたとき、主人が帰ってきた。三十分ぐらい遅れていたか、もっと早まっていたら殺人に発展しなかったかもしれない。夫にばれないようにしていた密会であったが、二人はばれたときのことは考えたことはなかったのだろうか。ギャンブルにしても、セックスにしても、理性ではコントロールすることができず、不倫といわれる関係の方が、よりたのしいのかもしれない。

「いくら反省しても被害者は生き返ってこないし、これから検事さんの取り調べがあり、起訴になるかどうか決められるわけです。一人の人間を殺したことは、あなただけでなく関係者にとって重大な出来事ですが、これは取り消すことができないのです。これからの人生をどのように生きていくか、いまから考えておくのも大切なことだと思います」

人が危機的な場面に遭遇したとき、どれほど冷静に行動することができるだろうか。まじめだといわれている人だって、いや、まじめであればあるほど臨機応変の措置がとれなかったりする。たとえ、カッとなったとしても、人を愛する気持ちが強かったら、いきなり出刃包丁で人を刺すようなことはできないのではないか。

夫は殺人の容疑で現行犯人として逮捕され、妻は一瞬にして情夫を失ってしまった。まじめで物足りないといっていた妻は、いま、どんな心境になっているのだろうか。皮肉な見方をすれば、浮気をするのも命がけということになりそうだ。

二七　殺人犯は宿泊人だった

鉄道の要衝になっているT駅の付近は、ホテルやデパートやマンションが林立している。その片隅に戦災後に建てられた木造三階建の駅前旅館があったが、交通の便のよさと料金の安さが売り物になっていた。老婆が一人で経営していて馴染みの客が多く、六部屋しかないため、予約をしておかないと泊まれないこともあるという。

建国記念日の翌日の午前十時二十分ごろ、女性の宿泊客から一一〇番通報があった。

「私は駅前旅館の客ですが、おかみさんが首を切られて殺されています」

びっくりしたらしく、途切れ途切れの話になっていたが、殺人事件と思われたため、ただちに非常召集が発令された。駅前交番の巡査が現場保存にあたり、在署していた捜査一課員は現場に駆けつけ、救護の必要があるかどうかを確かめた。

捜査主任官の指示により、鑑識係が現場の撮影をしたり、指紋を採取するなどをした。

刑事の一人は、第一発見者のA子さんから事情を聞いた。

「おかみさんに用事があり、部屋を訪ねたが姿が見えなかったため、声をかけながらあちこちを探し、納戸で殺されていたおかみさんを見たので一一〇番したのです」

駆けつけた長男によって母親であることが確認されたが、かねてから、一人では危険だからぼつぼつやめたらどうか、と注意していたという。

殺されたY子さんは七十一歳であり、身長が百六十センチぐらいで体重が六十キロぐらいであった。茶色のセーターにグレーのスカートを身につけていたが、着衣には大きな乱れがなかったし、抵抗したあとも見られない。右のほほは、床のカーペットに押しつけられており、顔の周辺には大量の血が流れて首の切り傷が致命傷になったと思われた。

検視官が本格的に検視をはじめるにあたり、周辺や現場の模様がつぎつぎと撮影されていった。頭からつま先まで入念に調べてから一枚一枚と衣服を脱がしていき、着衣に乱れがないかどうか調べた。裸になると首の傷があらわになり、体には傷が見られなかったものの、手首にかすり傷があった。眼瞼結膜に溢血点は認められず、鼻や耳、口腔内には異常はなかったが、致命傷となったのが首の切り傷と思われた。右手の指の付け根の切り傷は、抵抗したときのものか、避けようとしたときにできたものかわからない。旅館にどのような刃物があったかわからないし、使われた刃物がどんなものかはっきりしない。

目につかないような血痕や毛髪があるかどうか、刑事は床にしゃがんで懐中電灯を照らして拡大鏡を当てていった。どこについているかわからない指紋から犯人を割り出すこともあり、あちこちで指紋の採取がなされたが、足跡はどこにも見当たらない。証拠になる可能性のあるものは、すべて採取した場所と日時を記入してはビニール袋に入れていった。

納戸のタンスの棚の上には、ふろしきに包まれた二通の預金通帳と革製のさいふがあった。通帳の額面は二百九十余万円であり、さいふには十四万円余の現金が入っていたが、それには手がつけられていないようだ。居間のいすの座布団の下からも二つ折りのさいふが見つかり、ここにも物色された様子が見られず、犯行の目的がはっきりしない。

ふだんは居間にいることが多いというおかみさんが、どうして納戸で殺されたのか、それが一つのなぞになっていた。むごい殺され方をしており、悲鳴をあげたと思われたが二人の女性の宿泊人は声を聞いていないという。第一発見者によって死体が発見されたのは、午前七時ごろであり、最後に老婆を見たのはだれであるか、何時ごろであるかなど捜査することになった。

致命傷となったと思われる首の切り傷は、首の後ろの生えぎわに長さ十三・七センチ、幅三・五センチ、深さ四・七センチで真横に切られていた。傷口からして凶器はやや厚みのある鋭い刃物と考えられたが、ナタやオノのような鈍器ではなさそうだ。傷がついている箇所からして右利きのように思えたが、それはさらに検討の余地がありそうだ。

体には温もりがあり、直腸温度が三十二度であったから死後数時間以内と推定された。そのときに宿泊客が何人おり、どんなことをしていたか、それらを調べることにしたが、殺人事件のあったことを知らずに旅館をたっていた者もいた。

旅館で使用している包丁などを調べたが、犯罪に使用されたと思われるものは一つもなかった。犯人が凶器を持ってきているか、旅館の包丁などを持ち去ったものか、それしか考えることができなかった。

近所の人の話によると、被害者は気さくな面もあったが用心深く、初めての人は泊めたがらなかったという。宿帳はきちんとつけており、留守にすることはめったになく、近所の独り暮らしの老人と親しくしていることがわかり、その人の話を聞いた。

「昨晩も十二時ごろに旅館を訪ね、入浴させてもらってからおしゃべりをし、午前二時ごろに家に帰ってきたのです。殺されたという話を聞いてびっくりしているところです」

被害者が生きていたときの最後の証人者みたいであり、殺されたのがその後であることがはっきりした。

一階には、経営者が住んでいた寝室、お勝手、風呂場、納戸や便所などがあった。二階には一号室から三号室まであり、三階には五号室から七号室までがあり、合わせて六つの客室があった。第一発見者のA子さんは二号室に泊まっており、六号室に泊まった女性からも話を聞くことができたが、他の客はすでに旅館をたっていた。

どのように捜査をしても犯人が外部から侵入した形跡が見られず、宿泊客に的をしぼらざるをえない状況になってきた。旅館の部屋は六室あったから満室になっていたとしても六人が宿泊していたことになり、疑われた宿泊人にとっては迷惑なことである。そのため、疑いながらも疑っていない素振りもしなければならず、聞き方にも工夫をこらさなくてはならなかった。

旅館の六つの客室を調べると、一号室と三号室と七号室のテーブルには飲み干したと見られる湯飲み茶碗があり、一号室と七号室にはゆかたが丸めてあり、三号室ではゆかたとタオルが壁にかけられていた。事件直後に三号室に泊まった男の客が名乗り出てきたため、一号室と七号室の客のみ不明であったが、五号室に客がいたかどうかははっきりしない。

宿泊客がどんな目的でこの旅館に宿泊していたか、これも事件を解明していくうえで必要なことであった。事件のあった晩に泊まった客が五人いたことがはっきりし、このうちの三人が過去に泊まったことがあった。二月十一日に泊まった客は住所と氏名と電話番号を書いたメモを経営者に渡していたが、いずれも遠方の人であった。

経営者の寝室、お勝手や納戸から指紋を採取し、死体の指紋と合致したものを取り除いていくことにした。客室からもたくさんの指紋を採取することができたが。これらは昨晩の宿泊客のものとはかぎらない。後日の参考にするため、宿泊していた客の指紋をとらせてもらったり、履物の型やメーカーなどのチェックもした。客室にあった茶碗から指紋やたばこの吸い殻を採取したが、これは名乗り出た男性の客のものと思われたために特別に取り扱うことにした。

宿泊人名簿は昨年の十一月分まで保管してあったが、その後の分は見当たらなかった。宿泊人が書いたと思われるメモがあったり、領収書などがたくさんあったが、これらに犯人が手を触れているかどうかわからなかったが指紋の採取をした。

殺人事件が報道されてからも市民からの情報はいたって少なく、犯人に結びつくようなものはなかった。

事件のあった晩に泊まった客のうち、三人まで明らかになったが二人の身元はいぜんとして判明しない。ふたたび第一発見者から事情を聞くと、二月十二日の午前七時ごろに目を覚まし、午前九時ごろ二階の洗面所で歯をみがいていたとき、後ろを通って便所へいった人がおり、足音からして男性のようだったし、歩いてきた方向からして二階の三号室の客のような気がしたという。

三階の六号室に泊まった女性客の話によると、十一日の晩に泊まったとき、四十歳前後の男性の客と廊下ですれ違ったが、三階の何号室に泊まったかわからないという。一年ほど前に泊まったときは宿泊人名簿に書き入れたが、今回はおかみさんからメモ用紙を渡されて住所、名前、年齢と電話番号を書いたといい、宿泊人名簿をつけていない理由がわかった。

納戸から見つかった下着には、凶器に付着した血をぬぐった形跡が見られた。死体の横にあった木製のいすが倒れていたし、隣の居間の茶ダンスは半開きになっていて小箱がからになっていた。被害者の長男の話によると、その小箱にはいつも小銭を入れていたから犯人に奪われたかもしれないという。被害者がどのように現金の管理をしていたかはっきりしないため、被害がどのくらいあったかわからない。

事件が発生してから三日が過ぎたが、いまだ凶器が発見されないし、犯人の目星もつかない。被害者が一人で経営していたり、不特定多数の人が宿泊する旅館で発生したため、たくさんの資料があった。それらを整理しなければならなかったが、いまだ決め手になるものは見つからない。

被害者は他人に恨まれていないというが、残虐な方法で殺されていた。被害者の部屋から現金や預金証書や実印が発見されたが、犯人が見落としたことが充分に考えられた。もっとも気になっていたのが、現金を盗もうとして被害者に見つかり、ばれるのをおそれて凶行におよんだことであった。被害者と料金のことでトラブルになったことも考えたが、料金が前払いになっていた。

残虐な方法で殺されていたからといって、犯人が狂暴な性格の持ち主とはかぎらない。世の中にはおとなしい人がむごい殺し方をしているケースもあり、さまざまなことを想定したが犯人像は浮かんでこなかった。

メモによって七号室に泊まった客がわかり、事情を聞こうとしたが遠方のために出頭できないという。そのために所轄の警察署に調査を依頼したところ、二月十二日の午前六時三十分ごろ旅館を出ており、殺人事件については知らなかったとの回答があり、リストから落とすことにした。

五号室に泊まった客は、会社に勤務していた。訪ねていって事情を聞くと、駅前旅館の女の経営者が殺されたことは、報道によって知ったという。この客も二月十二日の午前七時ごろ旅館をたっており、おかみさんが殺されたことを後で知ったといい、言動に注意を払ったがあやしい点は見られない。

残ったのは一号室に泊まった客のみとなったが、客が書いたと思われるメモの住所は東京であり、氏名がTとなっていた。警視庁に調査の依頼をすると、地番もなければ該当者も見当たらないといい、偽名で宿泊した可能性がつよくなってきた。

この宿泊客はだれかわからないが、犯人の疑いがつよくなってきた。どのようにして犯人を割り出していくか、さまざまな検討がなされた。

メモに書かれた住所と名前で過去の宿泊人名簿を調べたが、似たような住所や似たような氏名も見つけることもできない。メモの筆跡と宿泊人名簿に書かれた筆跡を対照することにしたが、メモは金くぎ流で書かれていたから探すのが困難であった。宿泊人名簿に記載されていたのは一都二府二十七県にまたがっており、その数は五万人にもおよんでいた。複数回泊まっている客が何人もいたし、経営者が書いたと思われる筆跡もあったし、乱雑に書かれているのもあった。

経営者が書いたと思われるものや　明らかに筆跡が異なるものをのぞいていった。調べる刑事だって専門家ではなかったし，似ているものを拾い出すことだって時間とのたたかいみたいなものであった。

作業をすすめているうちに一つの疑問が生まれてきた。それは近くに住んでいるのにどうして旅館を利用したか、ということだった。そのために県内の宿泊客を重点に捜査をすすめ、筆跡が似ていると犯罪歴を照会したり、あやしいと思われる者については身辺捜査をするなどした。

このようにしてつぎつぎにリストから落としていくと、Gさんの筆跡がメモに書かれた筆跡とわずかに似ていた。犯罪歴の有無を照会すると窃盗の前科があり、旅館の一号室から採取した不鮮明な指紋と対照したところ、左手の小指の指紋の一部と合致した。Gさんは過去に四回も駅前旅館に泊まっており、殺人の容疑があったものの断定するにいたらない。さらに捜査をすすめると、駅前旅館から二度にわたって窃盗の被害届けがなされていたが、いずれもGさんが宿泊した日の出来事であった。

Gさんは高校生のときに窃盗で検挙され、少年院に送られていた。その後、放火や旅館荒らしなどで逮捕され、懲役三年の実刑に科せられて四年前に刑務所を出ていた。出所後、工員やバーテンダーなどをしていたが、一定の職に長続きせず、いくつも職を変えており、現在、職についているかどうかわからない。母親と二人暮しであったが、このごろは寄りつかなくなっており、追跡捜査をすることにした。

指紋が合致したといってもほんの一部分であったし、事件のあった日に泊まったという証拠があったわけではない。一号室の灰皿にあったたばこの吸い殻の唾液がGさんと同じO型とわかり、容疑が濃厚になってきた。

何度か捜査会議が開かれていろいろと検討した結果、逮捕状を得てから任意同行を求めて事情聴取することになった。任意同行であっても逮捕状が出ているときと、逮捕状がないときは異なっており、令状がないときは逃走しただけでは逮捕することができない。

Gさんは母親のところに寄りつかなくなっていたし、立ち回り先と思えるところで張り込んだりしたが、いつになっても姿を見せることはなかった。母親のところに戻ったことがわかったため、翌朝、三人の刑事がGさんの家を訪れ、一人の刑事が逃走されないように裏口でも見張った。

「T駅前の旅館のおかみさんが殺されているんです。その日にGさんが泊まっているかどうか聴きたいんですが、本署まできてくれませんか」

　出頭したくないという気持ちが表情に現れていたが、断ることができないらしくしぶしぶ応じて自動車に乗り込んだ。

「Gさんは駅前旅館に何度ぐらい泊まっていますか」

「むかしのことは覚えていませんよ」

「それでは、建国記念日に泊まったかどうか覚えていますか」

「それもわからないね」

「Gさんの家は近くなのに、どうして駅前旅館を利用しているんですか」

「東京にいったときに帰りが遅くなり、そのときに泊まることにしているんですよ」

「T駅からタクシーで帰ったほうが安くつくと思うんですが」

「翌日の仕事の都合もあるんです」

「建国記念日に泊まったかどうか、それが知りたいんですが」

だんだんと追い詰められた気分になったらしく、黙ってしまうことが多くなった。

「どうして答えることができないんですか」

「建国記念日かどうかわからないが、一か月ほど前に泊まっています」

「そのときは何時ごろ旅館にいき、何時ごろ旅館をたっていますか」

「午後九時ごろに泊まり、翌朝の六時ごろ旅館を出ています」

「すると、予約がしてあったんですか」

「していませんが」

「駅前旅館の宿泊状況を調べると、午後九時ごろになると客室が満室になっており、予約なしには泊まれないということですが」

「ほんとうのことをいうと、六時ごろに旅館へいってメモを書いて予約をし、料金を払ってからパチンコ屋にいき、九時ごろに旅館にいって翌朝の六時ごろに旅館をでたのです」

「Gさんが建国記念日にどこにいたかわからないが、東京のTという名前で泊まった客がいるんですよ。その人の筆跡がGさんが過去に泊まったときに書いた筆跡に似ているし、一号室からとった指紋がGさんの左の小指の指紋と一致しているんですよ」

このように追及すると黙ってしまい、間をおいてから口を開いた。

「すると、その日に泊まったかもしれません」

「何号室に泊まったか、それは覚えていませんか」

「何号室かわからないが、二階のいちばん北側の部屋だったと思います」

「過去に泊まったときには本名であったのに、今回はどうして偽名にしたのですか」

またもや返答に困ったらしく、うつむいて黙ってしまった。

「一号室のたばこの吸い殻からとれた血液型は、Gさんと同じO型なんですよ」

「吸い殻から血液型がわかるとは思わなかったよ」

「すると、あなたがおかみさんを殺したということですか」

「はい、そうです」

このようにしてGさんが自供したため逮捕状を執行したが、ここにいたるまでの取り調べは容易ではなかった。

ようやく逮捕にこぎ着けることができたが、事件を明らかにするためには、さらに自供が必要になり、凶器を発見しなければならなかった。

「どうして殺したのですか」

「いま、仕事をしていないから収入がなかったのです。どうしてもパチンコや競輪や競馬がやめられず、金がほしかったからです。おかみさんは一人で旅館を経営していたし、前に泊まったとき盗んだことがあり、今回も盗もうと思ったのです。おかみさんが寝ていたので盗もうとしたら目を覚まし、ばれないために殺すほかないと思ったんです」

「どうして刃物を使ったり、納戸で殺したりしたのですか」

「脅して金を奪おうと思ったが、殺すつもりはなかったのです」

「刃物で首を切っているが、それでも殺すつもりがなかったというのですか」

「おばさんが大金を持っていることを知っており、盗もうと思ったが見つからなかったのです。脅して奪おうとしたら抵抗され、顔を見られたから殺すほかなかったのです」

「それではどうして包丁を用意していったんですか」

「金が見つからなかったら、脅すつもりだったのです」

「その日の行動について順を追ってほんとうの話をしてくれませんか」

「二月の十日に母親から七万円をもらったが、パチンコと競輪で大部分を使ってしまったんだよ。残りが五千円ぐらいになったため、おかみさんを脅して金をうばうことを考え、駅前旅館に泊まることにしたのです。予約をしてから街に出かけて市内の金物屋で包丁を買い、十一日の午後九時ごろ旅館にいって機会をねらっていたのです。みんなが寝静まったために一階に降りていくと、お客さんがいたのであきらめ、一寝入りしたのです。お客さんが起きない六時前におかみさんの部屋にいき、包丁を突きつけて金を出せと脅したが断られてしまったのです。いままでに何回も泊まって顔が知られているため、殺すほかないと思って納戸に連れていき、めった切りにして殺したのです」

初めは盗む目的だったといい、つぎは脅して金を奪おうとしたといい、最後には顔を見られたから殺したといい、供述が一貫していなかった。肝心の凶器についてはあいまいな供述をくり返すばかりであり、犯行の動機がはっきりしない。

たとえ指紋が合致したとしても、警察のでっちあげだと反発されることだってある。凶器の発見が不可欠なものになってきたため、さらに追及することにした。

「ほんとうの話をしているんなら、どこに凶器を捨てたかわかるんじゃないのかね」

「殺すと包丁に血がついたため、おばさんが着ていた服で血をぬぐい、かばんの中に隠して家に持ち帰ったのです。いつまでも持っていたのではやばいと思い、真夜中に市内のN川まで いって投げ捨ててきたのです」

被疑者の自供によってN川を捜索したが、水量が多く流れが早かったから困難であった。真夜中に捨てていたため場所を特定もできず。大勢の機動隊員が川にもぐって捜し、ようやく凶器の包丁を発見することができた。

一一〇番通報という点からはじまった捜査は、いくつかの点を合わせて線になり、線と線をつなぎ合わせて面となり、凶器の発見で立体にすることができた。形式的には形が整ったが、いまだはっきりしないのが動機であった。盗もうとしたが大金が見つからず、脅して奪おうとしたら断られ、顔を見られたために殺害したという。計画的な殺人ととられないため、供述が二転三転していたことがわかった。包丁を購入した時点で脅して金を奪うことを決意し、顔を見られたために殺したとの供述を得ることができた。

二八　小説をまねた誘拐犯

誘拐は窃盗の行為に似ているけれど、大きく異なるのは人間を奪うことである。子どもがだまされて車に乗せられ、身代金を要求されたり、証拠隠滅のために殺されることもある。年齢が高いと誘拐がむずかしくなるが、報復や利害などがからんでいると殺人に発展するケースがある。

犯罪を行なうのも被害にあうのも人間であり、捜査に当たる刑事も人間である。被害者から事情を聞いたり、実況見分をして証拠を収集したり、参考人から事情を聴取するなどして事案の真相を明らかにしていく。ときには被害者のウソの申告があったり、目撃者の証言が誤っていることもあるため捜査が空転することがある。

二月十五日は朝からつよい空《から》っ風が吹いていたが、午前中は比較的平穏に過ぎていた。

昼飯を済ませて捜査に出かけようとしたとき、建設会社の社長さんから電話があった。

「妻がマツザキという男に誘拐され、午後六時までにK喫茶店に二千万円を持ってくるようにとの脅迫電話があったのです。『警察に知らせると殺すぞ』と脅かされており、内密に捜査をしてもらいたいのです」

うわずった声であり、マツザキと名乗る男に心当たりはないという。

誘拐事件でもっとも大事なことは、被害者を無事に救い出すことであり、そのため速やかな逮捕が求められている。犯人は事前にいろいろと工作をしていることが多く、早く犯人を逮捕するためだといっても、うかつに行動することができない。窃盗や殺人事件などの捜査には慣れていても、めったに発生しない誘拐事件にとまどう刑事もいた。

ベテランの刑事がセールスをよそおい、一人で被害者宅に出かけていって夫からくわしい事情を聞いた。

日本国憲法では「通信の秘密は、これを侵してはならない」とあるが、電話による誘拐事件が多発したため内閣法制局では、「電話による脅迫が現に行なわれ、被害者から要請があった場合には、これを侵さない」との見解を示した。そのために逆探知ができる装置を取りつけたが、犯人がすぐに電話を切ってしまうことも考えられた。

記者とは報道規制が結ばれていたものの行動が制約され、慎重な姿勢を崩すことはできなかった。

社長さんは現金を持って一人で喫茶店に出向いて犯人がやってくるのを待ち、刑事も婦人警官も私服でアベックをよそおって張り込みをした。何食わぬ顔で状況の推移を見守っていたし、外には通行人をよそおった刑事もいれば、車に乗って張り込みをしていた刑事もいるなど万全を期する態勢がとられていた。

喫茶店に若い男の客が見えるたびに刑事は緊張したというが、それを表情に出すことはできない。約束の六時になってもマツザキと名乗る男が現れず、一時間ほど延長して様子を見たが変化が見られない。

犯人に見破られたかもしれない、といういやな気持ちがただようようになった。いつになってもなんの連絡もなく、被害者や警察署で待機していても不安がつのるばかりであり、夜を徹しての警戒がつづいた。

K喫茶店は繁華街のビルの二階にあったため、犯人が逃走するのには不便であった。どうしてこの場所を指定したのか、それが一つのなぞになっていた。マツザキ姓について電話帳や交番や駐在所の案内簿で調べたりしたが、不審者は浮かんでこない。

連絡のあるのを期待していたが、一昼夜過ぎてもなんの変化もなく、被害者の安否が気づかわれてきた。マツザキと名乗る犯人がどんな人物なのかわからず、手を打つことができにくい状態になっていた。だれもが望んでいたのが、被害者が無事でいることであったが、どのような服装でどこへ連れ去られたのかまったくわからない。

被害者が警察に届け出たかどうか、犯人が確認にやってくることも充分に考えられたため、刑事が被害者の家の周辺で気をもみながら張り込んだ。だれもがいらいらする時間を過ごし、丸一日が過ぎた翌日の午後二時ごろ、犯人から被害者宅に電話があった。

「奥さんはTストアにいるよ」

あまりにも短かい匿名の電話であったため、逆探知することができなかった。これが事実とすれば生きていることになり、刑事はストアに急いだ。

このストアは営業をしておらず、無人の倉庫にはカギはかけられていなかった。刑事が踏み込んで大きな声で「A子さん」と呼びかけると、かすかに声が聞こえてきたためホッとさせられた。懐中電灯を照らしながら声のする方向に近づいていくと、使われていないステンレスの冷凍室の中で両手をしばられていた被害者を発見した。改めて「A子さんですか」と声をかけると、「はい」との返事があった。夫人は裸足のままであり、二十六時間という監禁生活のためかやつれていたものの、刑事の質問にはっきりと答えた。

「被害者を無事に救出」

覆面パトカーの無線によって本署に伝えられたため、だれもがホッとさせられた。

近くの病院で診察を受けたが異常はないとのことであり、警察署において誘拐されたいきさつについてくわしく事情を聞いた。

「どのようにして誘拐されたのですか」

「二月十五日の朝、主人を見送ってから実家の母親に電話し、奥の間でシチューをつくっていたとき玄関のチャイムが鳴ったのです。お客さんと思って玄関を開けると、黙って入ってきた若い男にいきなりみぞおちを強く突かれ、驚いて奥の間に逃げ込んだが取り押さえられたのです。濡れたタオルで猿ぐつわをされたために声を出すことができず、そのときに麻酔をかがされて意識を失ってしまったのです」

「どのような麻酔かわかりませんか」

「わかりません」

「意識が回復してからどんなことがわかりましたか」

「麻酔をかがされたことは覚えていますが、意識を失っていたから、どのようにしてストアまで連れられてきたかわからないんです。意識が回復したときには口にはガムテープが張りつけられ、手首も両足もしばられていたから身動きができなかったのです。気がついてしばらくすると、懐中電灯を照らしながら若い男が見え、ガムテープを取りはずしながら『殺すつもりはないから心配するな。金がほしいんだが、どれくらいなら出せるかな。六時に金を持ってくることになっているから、金を受け取ったら帰してやるよ』と言ってどこかへいったのです」

「すると、男の顔を見たわけですか」

「大きなサングラスをかけていたから人相はよくわかりません。年齢は二十五歳から三十歳ぐらいで普通の体格をしており、身長は百七十センチぐらいはあったと思います。襟のついたモスグリーンの半コートを着ていましたが、足もとは見ていないので何を履いていたかわかりません」

「男がどこかへいったか、何時ごろ戻ってきたかわかりますか」

「一時間ほどして戻ってきたので時間を尋ねると、『もう六時半だよ』と言っていました。金を受け取る時間が過ぎていましたが、受け取れなかったらしく解放してくれませんでした。寒さに震えているとどこかへ出かけていき、新しい毛布をもってきてかけてくれたので殺されないかもしれない、と思ったのです」

夫人が監禁されていた冷凍室は、大きな営業用のものであったが、電源が切られていたから冷凍の役目を果していなかった。空気が遮断されていたから風はなかったものの、倉庫はすっかりと冷えており、被害者が寒さに耐えていたことがわかった。

犯人はラクダ色の毛布のほかに飲み物とサンドイッチ、女物のソックスを与えており、被害者に配慮していた様子がうかがえた。毛布は真新しいものであり、販売先について調べると、市内のA寝具店で売られていたことがわかった。

店員の話によると、二月十五日の店を閉じる前、三十歳前後の身長が百七十五センチぐらいでサングラスをかけ、モスグリーンの半コートを着た男に売ったという。被害者の供述による人相や着衣などが酷似しており、犯人に間違いないものと思われたため、この男の行方を追うことにした。

被害者に与えたソックスには、Rスポーツ店の千円の値札がつけられていたが、割り引かれて七百円で売られていた。店員の話によって、年齢が二十五歳ぐらいで身長が百七十七センチぐらい、モスグリーンの半コートを着ており、大きなサングラスをかけていたから人相はよくわからなかったという。

被害者の自宅とストアから採取した足跡は、日本G工業会社製のS印の短靴であり、サイズが二十七・五センチであった。昨年の秋に製造が中止になっているものの、市内の四つの履物店で二十足以上が販売されていることがわかった。

犯人が現金の受取り場所として指定したK喫茶店といい、Rスポーツ店や衣料品店といい、いずれも繁華街にあった。毛布やソックスの入手径路がはっきりしたが、サングラスをかけていたため男の人相ははっきりしない。

その後の被害者の供述により、監禁されていたとき犯人がタオルを半分に切って湯をひたして手渡していたが、この「おしぼり」はどこからも発見されない。

被害者は麻酔をかがされたと言っていたが、いまだどのようなものかわからない。麻酔薬を専門に取り扱っている者ならともかく、かがされた麻酔がどんなものであったか明らかにしていくのは容易ではなかった。

麻酔薬は多くの病院で使われており、被害者にかいでもらったところ、ハロゲンの疑いが強くなってきた。ハロゲンは病院だけで取り扱われているため、犯人が病院に勤務したことがあるか、薬物の知識があるとの見方が強くなってきた。

現場周辺の聞き込みをしたり、麻酔薬のルートの解明に当たったり、指紋から割り出す作業をつづけたが、犯人に結びつくものは何一つ得ることができない。マツザキが偽名であるかどうかもわからず、捜査の難航が予想されるようになった。

この事件には、なぞの部分が少なくなかった。金を要求しても喫茶店には現れず、冷凍室に監禁しても暴行を加えようとせず、新しい毛布や飲み物などを買い与えていた。痴情や怨恨ということも考えにくかったが、気がかりだったのは暴力団が関係しているとの情報があったことだった。

刑事が公園近くの道路を歩いていたとき、路上に捨ててあった赤い短靴を見つけた。何気なく手にすると、誘拐犯人が履いていたのと同じS印であり、署にあった足跡と比べるとサイズも紋様も同じであった。犯人が履いていたものか不明であったが、多くの警察官や警察犬が動員されて付近の捜索をしたが、どうしても片方の右の靴を見つけることができない。

この公園は子どもの遊び場になっており、子どもが捨てたことも考えられたが、犯人との結びつけを打ち消すことができない。そのため靴を科学捜査研究所に送って鑑定してもらい、同一であることがわかったが、どうして捨てられたのかわからない。

被害者が監禁されていたころ、スーパーの駐車場に白っぽいライトバンが駐車しているのを通りかがりの学生が見た、との情報が入った。事件に関係があるかどうかはっきりしなかったが、車の持ち主を探すことになり、気の遠くなるような捜査もなされた。

麻酔薬がハロゲンの疑いが強かったため、ふたたび被害者にいろいろの麻酔薬をテストしてもらった。すると、芳香性によってハロゲンに間違いないとの証言を得たため、効力がどのくらい持続するか調べることにした。

第一現場の自宅から第二現場のストアまでの距離は一・五キロほどあったが、その間に被害者の意識は戻っていなかった。麻酔薬の量によって違いがあることがわかったが、犯人がそのことを計算していたどうかはわからない。被害者が入院したことのある病院でもハロゲンを使用していたため、その関連についても捜査することになった。

捜査が半月以上たったが、本気で誘拐をしたのかどうかわからない。計画的な犯行であることは間違いないとしても、犯行の目的がわからないために捜査の的をしぼることができない。犯人が複数ではないかとか、県外にいるのではないかとか、さまざまな意見が出たために県外まで捜査の手をのばすことになった。

捜査が膠着状態になってくると、再発のおそれがないかどうか気になってきた。暗中模索の捜査状況になっていたとき、こんどは信用金庫支店の大型金庫がねらわれるという事件が発生した。

アセチレンガスを使って大型金庫を破ろうとしたがうまくいかず、ドライバーやアセチレンガスなどが放置されたままになっていた。大型の金庫をねらった事件のため、誘拐事件と合わせて総力をあげての捜査となった。遺留品の工具類の追跡捜査をはじめたが、有力な資料を得ることはできなかった。金庫をねらった犯人と誘拐事件の接点はまったくなく、犯人が関連していると思った刑事は一人もいなかった。

金庫破りの現場から多数の指紋を採取したが、信用金庫とあってはだれのものかわからない。犯人のものと思われる足跡が複数あったため、何人かの人間がからんでいる疑いが濃厚になってきた。遺留されたアセチレンガスや工具類の捜査をしたが、あちこちで使用されていたため犯人に結びつくものはない。

金庫破りの未遂事件があってから三日たったとき、Sと名乗る男から暴行の被害の届け出があった。

「昨夜、ヤクザ風の男に殴られたが、けがはありませんでした」

どうしてヤクザ風の男と思ったのか、どのように殴られたのか、くわしい話を聞いているうちに不自然なものを感じた。ウソとわかれば追及することができたが、この男がなんとなく誘拐犯人に似ているように思えた。このような事件の被害で警察にやってくることは考えにくかったが、捜査の手の内を知ろうとしてやってきたのかもしれないと勘ぐってしまった。

念のために本人の素行などを内偵すると、犯罪歴はなかったが、工業短期大学を中退して薬品の知識があり、被害の届け出がなかったものの、この大学では麻酔薬のクロロホルムの被害にあっていたことがわかった。

誘拐や金庫破り捜査をしていたとき車上ねらいをして男が浮かび、裏づけがとれたためHさんを通常逮捕した。初犯であったためか、車上ねらいについては素直に自供するようになったが、金庫破りについては否認していた。被疑者が履いていた靴が金庫破りの現場に残されて足跡と同じ型の靴であり、そのことを追及することにした。

「Hさんの履いている靴が、金庫破りの現場から採取された足跡と同じなんですよ。金庫破りには関係していませんか」

「そんなことはしていませんよ」

「していないといっても、鑑定して足跡が同じだとわかったんですよ」

「それでは認めることにするよ」

「金庫破りの現場には、Hさんのほかにも足跡が残っており、だれかと一緒だったことがわかっているんだよ」

「おれが一人でやったんだ」

「金庫破りの犯人は二人以上ということがわかっているが、それでも言うことができないんですか」

「お互いに黙っている約束がしてあったが、そこまでわかっているんじゃほんとうの話をすることにするよ。実は、AとSの三人でやったんだよ」

くわしく事情を聴いて裏づけをとると、AさんとSさんが犯行にくわわっている可能性がつよくなってきた。逮捕状を得ることはできたが、Hさんの供述に誤りのあることも考えられたため、二人の任意同行を求めて取り調べをし、事実に間違いがないことを確かめてから執行することにした。

「Hさんが逮捕されたのは知っていますか」

「知っています」

「それだったら、Hさんと何をやったかわかっていますね」

「金庫破りがばれるかもしれないと思っていたよ。Sに誘われてHとSの三人でやったことは間違いないよ」

このようにAさんが犯行を認めたため、Sさんの取り調べをした。

「金庫破りの容疑があるが、その事件に関係はありませんか」

「ないよ」

「金庫破りの現場にHさんの足跡があったのでわかったが、そのほか二人の足跡があったこともわかっているんだよ。AさんとHさんが金庫破りを認めているが、Sさんは本当に関係がないんですか」

「どんなことを言われようと、やらないものはやったとは言えないね。AとHがどんなことをしゃべったかわからないが、おれは関係していないよ」

「どんなことをしゃべるのも自由たが、行なわれたことは取り消すことができないんだよ。ウソをつくこともできれば証拠隠滅をすることもできるが、ウソはばれることもあるし、証拠隠滅したとしてもその事実は残ってしまうんだよ。AさんとHさんとSさんの話が食い違っていることは、だれかがウソをついていると思うんだ」

「おれはウソはついていないよ」

「Sさんの話にはたくさんの矛盾があり、どうしても納得することができないんだよ。暴行されたという事件だってけんかがあった様子はまったく見られないし、犯人だって浮かんでこないんだよ。木に木をついだような話なら理解できるが、木に竹をついだような話をされたんじゃ納得することができないよ」

「おれはほんとうの話をしているつもりだが」

「ほんとうの話だというが、Sさんにはほんとうであるか、それともウソであるかわかっていることではないですか」

「おれはだましたことはないし、ウソはついたこともないよ」

このようなやり取りがいつまでもつづいたため、手を替え品を替えながら追及していくと、だんだんと返答に困るようになった。

「ウソの話をほんとうのように見せかけても、ボロを出すことがあるんだよ。つじつま合わせをしようとしても、ウソの上塗りをしていてはメッキだってはがれてしまうよ」

「どんな弁解をしても通じそうもないや」

「ほんとうの話をする気になりましたか」

「金庫破りを計画したのはおれだが、一人ではできないのでA君とH君を誘ったんだ」

このように金庫破りを認めたため、逮捕状を得て通常逮捕し、引き続いて取り調べをした。

車上ねらいと金庫破りの事件の捜査が終了すると、誘拐事件の容疑者と思われたSさんの取り調べをすることになった。

「Sさんが赤い靴を履いていたことや、その足跡が誘拐の被害者の庭から採取した足跡と一致しているんだが」

「おれは、赤い靴を履いたことはないよ」

「被害者が監禁されていたストアからも、Sさんが履いていたG印と同じ短靴の足跡が採取されているんですよ」

「同じ靴はいくらでもあるし、似ているだけで犯人にされたんじゃやりきれないや」

「それでは、誘拐事件のあった日にどこにいたのですか」

「家にいたよ」

「いつ、誘拐があったことを知ったんですか」

「新聞やテレビを見て知っていたよ」

「赤いスポーツシューズを履いたことがないというが、あなたが履いているのを見た人がいるんですよ。子ども公園に赤い靴が片方だけ捨ててあったし、それが犯行現場や冷凍庫にあった足跡と同じなんですよ」

「赤い靴を履いていたことはあったよ」

「それでは、女物のソックスを買いにいったことはありますか」

「あるよ」

「その女物のソックスは、どこにあるんですか」

「自白しないつもりでいたが、金庫破りもばれてしまったし、これ以上ウソを言い続けるつもりがないからほんとうの話をすることにするよ」

「金を要求しながらどうして受け取りにいかなかったんですか」

「喫茶店にいったら刑事が張り込んでいるのがわかったんだ。どんなに変装をしても、顔を知っていた刑事がいたし、表でも見張っていた刑事がいたこともわかっていたよ」

「誘拐するのに麻酔薬を使っていませんか」

「おれが使ったのはクロロホルムだよ。A工業短期大学から盗み出したが、そのときは誘拐は考えていなかったんだ。おれは推理小説が好きだったものだから、誘拐事件だって信用金庫の金庫破りだって、みんな小説のまねだったんだ。暴行の被害者に成り済まして警察に届け出たのも、警察がどんな捜査をするか知りたかったんだよ」

「どうして犯行現場に足跡を残したり、赤い靴を公園に捨てたりしたんですか」

「足跡を残せば、その捜査をすると思ったし、靴を捨てればそれを調べるんじゃないかと思ったからさ」

「すると、世間を騒がせようと思ったわけですか」

「そんな気はまったくなかったが、推理小説をまねたいと思っただけだよ。だれも銀行の金庫は破れないものと思っていたから、それを破って世間をアッと言わせたかったが、これだって推理小説をまねしようと思っただけなんだ」

被疑者の自供により、いろいろの事実が明らかになってきたが、捜査が後手後手になったのは、小説をまねた犯罪の手口にまったく気づかなかったことであった。もう一つは、被害者の話を信じてハロゲンと断定してしまったが、匂いによって麻酔薬を見分けることのむずかしさを知らされた。

Sさんは、パチンコ店の経営者の家族にねらいをつけたこともあり、誘拐は以前から考えていたという。金持ちにねらいをつけ、あちこち下見をしたというから、これも推理小説をまねた一つであったのかもしれない。

二月十五日の午前十時過ぎ、自分の車で被害者の自宅へいき、麻酔をかがせて車に乗せて冷凍庫に運んだが、途中、意識が戻りそうになったため、もう一度麻酔をかがせたという。その日の午後一時すぎ、社長宅に二千万円を持ってくるように電話し、喫茶店に出かけていったが、顔見知りの刑事が張り込んでいたので取りやめたという。刑事のなかにはSさんを知っている者はなく、これもウソだったことがわかった。

犯罪の捜査には紆余曲折がつきものであるが、小説をまねた誘拐事件に振り回されたことになった。小説をまねて緻密な計画を立てていたというが、銀行の金庫破りや暴行の被害者に成り済ませたことは、あまりにもお粗末であった。

犯人は二つの顔を持っていたといわれている。一つは、おとなしく腰の低い善良な市民であり、もう一つは、大胆な犯罪マニアであった。まじめなことに熱中するならともかく、世間を騒がせるためのマニアになると、捕まるまでやめられない。

工業短期大学を中退して会社に勤めたが、仕事の合間に他の会社の内職をしたり、会社の資材を持ち出すなどしたためクビになっていた。妻と別居したかと思うと内縁の女性と同棲するなど、Sさんには場当たりのことが少なくなかった。

家宅捜索をしたところ、たくさんの推理小説や警察の実務の参考書があり、犯罪マニアであったことが裏づけられた。

犯罪の捜査には経験が必要とされているが、常識だってそなえていなくてはならず、若者がどんなことを考えているか知ることも必要であった。逮捕されて取り調べを受けているときも、小説を参考にして供述をしていたこともわかった。人の生き方はさまざまであるが、このようなマニアに生きがいを求めていた人がいたことを知った。

誘拐事件の捜査が終了したため記者発表となったが、発表する以前から取材をつづけていた記者が少なくなかった。各社の新聞を読み比べると大筋では合致していたものの、細部にわたっては異なっていた。気になったのは事実と異なったことを報道していた新聞があったが、取材を受けた者の証言の間違いであるか、記者のミスかそれはわからない。

二九 酔っぱらいの傷害致死

酒を飲んだうえでのトラブルは少なくない。酔っぱらい同士のけんかもあれば、酒気帯び運転など枚挙にいとまがない。正気のときにはおとなしくても、酔っぱらうと人が変わったようになり、怒鳴ったり暴れたりする。アルコール依存症ともなると、家庭不和をまねくだけでなく、ときには殺傷事件を起こしたりする。

朝早く、新聞配達の少年から一一〇番通報があった。

「K町の公民館の近くの道路で男の人が血を流して倒れています」

びっくりしていたらしく、くわしい説明をすることができない。

一一〇番通報を傍受したパトカーが現場に急行すると、けが人は救急車で運ばれるところであった。現場には出血の跡が生々しくのこっていたが、車にひかれたり、トラブルのあった形跡は見られず、どうして道路上で倒れていたのかわからない。

早朝のため、ときたま自動車が通り過ぎていくものの通行人はなく、付近には起きている家が見当たらない。

病院に駆けつけた刑事によって死亡が確認され、酒を飲んでいたことがわかった。身元を明らかにするものは何一つなく、ズボンがびしょ濡れになっているのが気になった。

当直の捜査幹部によって検視がなされ、頭部には小さな裂傷があったが、これが致命傷とは思えなかった。体のあちこちに打撲の跡が見られたが、どうしてできたのかわからず、解剖して死因を明らかにすることにした。

傷害致死とひき逃げの疑いがあり、捜査一課員と交通課員が非常召集されて捜査がはじめられた。どんな状態で倒れていたか救急隊員に尋ねたが、捜査の参考になるような話を聞くことはできなかった。

被害者の身元がわかれば死亡原因がわかるのではないかと思ったが、いぜんとして不明であった。現場にはたくさんの血痕があったが、目撃者がいなければ他の資料を見つけることができない。調べていくうちにひき逃げの線は弱くなり、傷害致死にしぼられたが、殺人事件を完全に払拭することはできなかった。

死亡した被害者の特徴により、身元捜しがはじめられた。

通りがかりの人や早起きの人の家を訪ねては、このような聞き込みをしていった。

ある人のところへいくと、Ａさんの家の人かもしれませんね、と言ったため、Ａさんの家を訪ねた。

「この先の道路で人が倒れて救急車で運ばれたのですが、いまだ身元がわからないんです。黒のジャンパーを着ていますが、思い当たる人はいませんか」

「うちの息子が夕べから戻らないため、事故にあったのではないかと気にしていたところなんです。けがの程度はわかりませんか」

「救急車で運ばれたからS病院に問い合わせてくれませんか」

いきなり死亡したことを伝えることができず、このようにウソをつき、病院の電話番号を知らせた。

病院にかけつけた母親により、長男であることが確認され、悲嘆にくれていたとの連絡があった。後でわかったことであるが、母親は夫と離婚しており、小さな会社の経理を担当していた長男を頼りにしていたという。経理担当者を失った会社でも後がまに悩まされるかもしれず、一人の死がさまざまなところで大きく影響していることを知った。

身元が明らかになったことは捜査にとって一歩前進であったが、これで事件が明らかになったわけではない。付近には流れのある川は見当たらないし、どうして下半身がすぶ濡れになっていたか見当さえつかない。範囲を広げてあちこち探したところ、男が倒れていた地点から一キロメートル以上も離れたところに小川があり、付近に二軒の小さな飲食店があった。

二つの店とも経営者は住んでいないし、付近の人家も起きている家が見当たらない。小川の付近を入念に調べると、飲食店の付近の道路端の measure溝に血痕が見られたが、死亡した男と関連があるかどうかわからない。人が起きている家を見つけては聞き込みをしたが、どこからもトラブルの情報を得ることができない。

解剖の結果、死因が凍死と判明したが、どうして頭部や胸部が骨折しているのかわからない。G飲食店の前の側溝についていた血痕と、死亡した人の血液型が同一であるかどうか、鑑定してもらうことにした。

その前に県警本部の技官に電話し、どのようにして血痕を採取したらよいか尋ねた。

「血痕は明るいところでは見えなくても、暗いところで試薬を使うと、はっきりとわかりますが、しょうゆやペンキや鉄さびなども反応してしまいます。そのため、ルミノール反応によって陰性か陽性かはっきりさせ、本試験によって血痕であるかどうかはっきりさせることができるのです」

暗くなっても一斉に街灯を消すことができないため、大きなダンボールの箱を見つけてきて明かりを遮断し、その中に入って予備試験をすることにした。いくら交通警官によって整理がなされているとはいえ、大きなダンボール箱が少しずつ移動している姿は奇異に見えたかもしれない。

試薬を道路にあてると、あちこちで青白色の小さな美しい光が放たれたが、血痕かどうかはわからない。血痕らしき光の帯がどこまでもつづき、それをたどっていくと一キロメートル以上も離れた流れのある川に達した。道路端のブロックの側溝には多数の光が見えたし、その付近にも点々と血痕らしきものが見えたが、その先には血痕らしいものは見られなくなった。

昼間の聞き込みではなんの情報も得ることができず、夜間になってトラブルがあったと思われる付近を重点にふたたび聞き込みをした。

「この付近でトラブルがあったらしいのですが、気がつきませんでしたか」

「いつもと変わりはありませんでしたよ」

奥さんも主人は何も気がつかなかったという。

この会話を耳にしていた中学生が奥の部屋から顔を見せた。

「ぼくは受験勉強で遅くまで起きていたのですが、十二時過ぎにG飲食店の前から酔っぱらいの怒鳴り声が聞こえたのです。殺してやるぞと叫んでいましたが、しばらくすると静かになりました」

死亡した若い男が酒を飲んでいたことはわかっていたし、声を聞いた中学生も酔っぱらいの怒鳴り声を聞いていた。この付近にはF飲食店とG飲食店があったが、いずれも営業中であったため、事情を聞くのを翌日にした。

午後一時過ぎにF飲食店の経営者の自宅を訪ねた。

「おととい の夜中、おたくの店の付近で酔っぱらいのけんかはありませんでしたか」

ただちに、気がつきませんでしたとの返事であり、それは信じてよさそうだった。

引き続いてG飲食店のおかみさんの家を訪ねた。

「おととい の夜中、おたくの店でお客さんのトラブルはなかったですか」

すぐには返事をせず、いっときおいてから口を開いた。

「何もありませんでした」

素直に信ずることができなかったため、さらに質問をつづけた。

「おたくの店の前で酔っぱらいのけんかがあったのですが、ほんとうに何も知らないんですか」

「うちの店の客がけんかをしたと決めつけられては困ってしまいますね」

飲食店には捜査に協力するより、お客さんを大事にする傾向があることがわかっており、質問を打ち切ることができなかった。

「おたくの店の付近には二軒の飲食店がありますが、酔っぱらいがけんかしているのを聞いている者がいるんですよ。どちらかの店の客がけんかをしたと思われますが、知らないというのであれば仕方ありませんね。お客さんはけがをして死んでおり、警察では徹底して捜査をしなければならないんです」

するとおかみさんの態度が急に変わった。

「うちの店でお客さん同士がけんかをし、外に出てからも怒鳴っていました」

「けんかをしていたのはだれでしたか」

「一人はケンちゃんと呼んでいましたし、もう一人はマサちゃんと呼んでいたが、どこに住んでいるかわかりません」

当時、店には六人の客がいたというが、住所はまったくわからないという。客に迷惑をかけたくない気持ちはわかるが、常連の客の身元がわからないというのもおかしなことであった。

「おかみさんにわからないんなら、警察で探すことにします」

このように言うと、言い争っていたのがYさんとKさんだと話した。

店にいたお客さんについても全員の身元がわかり、それぞれから事情を聞いた。酔っぱらっていてよく覚えていなかったり、けんかをけしかける者もいたが、店の外に出てからのことについて知っている者は一人もいなかった。

事件のあらすじがわかったため、逮捕するかどうかが検討されたが、それは取り調べを終えてから再検討することになった。

呼び出しに応じてYさんが見えたため、傷害致死の容疑で取り調べをはじめた。

「二月十一日の夜、G飲食店の前でけんかをしたことはありませんか」

「店の中でけんかとなり、表に出て殴り合ったことはありましたが、酔っぱらっていたのでよく覚えておりません」

「よく覚えていないといっても、殴り合ったことは覚えているじゃないですか。表に出てからどのようにしたか、思い出してくれませんか」

「店に迷惑をかけたくなかったので表に連れ出し、げんこつで顔を殴ると仰向けに倒れたのです。蹴飛ばしたら川に落ちたのですが、はい上がってから一人で歩いていったから死ぬとは思いませんでした」

「どうして、死んだことを知ったのですか」

「G飲食店のおかみさんが知らせてくれたのです」

Yさんがどのくらい酔っていたか、仲間の話によるとかなり酔っていたという。おかみさんも酔っぱらっていてよく覚えていないといい、領収書を見せてもらうとビールやお酒の量が書かれていた。おかみさんの分も含まれているというし、水増しされている疑いもあったからはっきりしたことはわからない。

真冬の寒い晩に川に落ちたとあっては、身も心も震えていたに違いない。倒された被害者が頭部をコンクリートの側溝のへりに打ちつけたことは想像できたが、肋骨の骨折や内臓破裂の原因がわからない。

「解剖した結果、肋骨が骨折していることがわかったのです。殴ったり、蹴ったりしただけでは骨折はしないと思うんですが」

「仰向けに倒れたとき、足で体を踏みつけたのです」

「げんこつで殴ったり、蹴飛ばしたり、踏みつけたりしたということですが、順を追って話してくれませんか」

「店の中でけんかとなり、はやし立てる者がいたので表に連れ出し、げんこつで殴ると倒れたのです。蹴飛ばすと川に落ちたのですが、はい上がってきても腹の虫が納まらず、蹴飛ばしたり踏みつけたりしたのです」

「蹴飛ばしたり、踏みつけたりして死ぬとは思わなかったのですか」

「酔っぱらっていたし、無我夢中でした」

取り調べの結果、事件の内容が明らかになってきた。初めは酔っぱらい同士のささいな口論であったが、けしかける者がいたからますますエスカレートしてしまった。ついに表に出て殴り合いのけんかとなったというが、被疑者にはどこにも殴られたような傷は見当たらなかった。

酒を飲まないときの被疑者はおとなしいというが、酔っぱらったために気分が高揚してしまったという。仲間にあおられたために後に引けなくなり、表に出て殴る蹴るの乱暴の度合が、かなりひどくなったことがわかってきた。

被疑者を傷害致死で逮捕したが、殺人事件を視野に入れての取り調べとなった。死んでもいいと思って踏みつけたり、蹴飛ばしたりしていれば「未必の故意」があるとして殺人に問うことも可能であった。中学生が殺してやるぞという怒鳴り声を聞いているが目撃者はおらず、被疑者が殺意を認めないため立証するのがむずかしくなってきた。

酔っぱらい同士のけんかとなると、世間では大目に見る傾向にあるが、冷静さを失ってしまうためにより危険が増すことになる。酔っぱらっていたから何も知らなかったとか、あれは正当防衛だったと主張することはできるが、自分で有罪か無罪か決めることはできない。

三〇　送りおおかみ

犯罪は世の中の異常な行為とされているが、異常な行為が犯罪になるわけではない。どんなにあくどい行為であっても、刑罰法令に触れなかったり、証明できなければ検挙できない。すべての警察官が法令にある罰則を熟知しているわけではないが、どんなことが罪になるか大方わかっている。

性に関する道徳観念はテレビなどの影響もあり、時代とともに大きく変化している。欲望を満たすための犯罪はいろいろあるが、性的な犯罪の被害者になると精神的に大きな打撃を受けてしまう。性犯罪者のもっとも多いのが二十代といわれているが、この年代は性的な欲望が旺盛である反面、理性がともなわないからかもしれない。

酒に睡眠薬を入れて女子大学生を眠らせ、集団で暴行をして懲役に処せられた大学生もいた。罪を犯せばどのようになるか考えるより、欲望の前に理性が埋没してしまうためにこのような犯行におよぶらしい。どんなに悔いても犯した罪は消すことはできず、一瞬にして将来の夢をこわすことにもなる。

性的な犯罪は、ギャンブル狂やアルコール依存症に似ているところがある。むかしから「飲む、打つ、買う」で身の破滅をまねいた人は少なくない。いずれも理性でコントロールするのがむずかしいものばかりであり、警察に逮捕されても性懲りもなくつづけている人もいる。

夕方から降りはじめた雨がやみ、時計の針が十時をまわったとき、うつむき加減の娘さんが母親に連れられてやってきた。

長年の経験からしてとっさに強姦事件と判断し、娘さんが話しにくいらしかったので先に母親から聞いた。

「娘が泣きながら帰ってきたので理由を聞くと、『利根川の河川敷で若い男に乱暴されそうになり、こわくなって逃げ帰ってきた』と言ったのです。娘は届け出ることをいやがっていましたが、ほかに被害者が出ても困ると思ってやってきたのです」

つぎに娘さんから事情を聞くことにしたが、この種の事件を取り扱うのは初めてであった。真実を明らかにするためには、娘さんがしゃべりにくいことも質問しなければならなかった。おどおどしている娘さんの気持ちを落ち着かせるため、さきに自己紹介をしてから質問に取りかかった。

「どうして見ず知らずの人の車に乗ったのですか」

「私は二十歳の大学二年生ですが、S町のバス停留所にいたとき白っぽい普通車がとまったのです。若い男の人に『家まで送ってあげましょうか』と声をかけられたのですが、一度は断ったのです。すると、『同じ方向に行くんだからどうですか』と言われ、傘を持っていなかったので乗せてもらうことにしたのです」

「運転していたのは、どんな人でしたか」

「二十五、六歳の男性であり、色白の細面の人でした。車に乗っていたから身長がどのくらいかわかりませんし、後部座席にいたので後ろ姿しか見えませんでした。髪の毛は短かったような気がします」

「服装はわかりませんか」

「茶色っぽい半そでのシャツだったと思います」

「あやしいと気づいたのは、どこでしたか」

「左折をし、私の家とは反対の方向に走ったからでした。どこへいくんですか、と尋ねたが返事をしなかったため、だんだんと心配になってきたのです。逃げ出すチャンスを見つけることができず、利根川まで連れていかれて河川敷の真っ暗なところで車をとめたのです。すぐに後ろの座席に乗り込んできて黙ったまま抱きついてきたので、何をするんですか、と大きな声を出して払いのけようとしたのです。せまい座席で押えつけられて身動きできず、左手で体を押えつけて右手でスカートとパンツを脱がされると、男はズボンを脱いで強引にせまってきたのです。体をねじりながら必死に抵抗をつづけたため、男はあきらめたらしく手を放したため、パンツとスカートを抱えて車の外に逃げ出したのです」

「河川敷にいたのは、どのくらいの時間でしたか」

「長いような気がしましたが、数分ではなかったかと思います」

「けがはなかったのですか」

娘さんは恥ずかしそうにスカートをあげ、ここに傷があります、といって大腿部にできたかすり傷を見せた。

「書類をつくる前に、婦人科医の診察を受けて診断書を提出してもらいたいんですが」

「はい、わかりました」

近くの医院にいって診断を受けると、全治まで一週間という診断書が提出された。

事件のあらすじがわかったため、これらを告訴調書にすることにした。

どんな捜査書類でも読みやすい方がよいが、それよりも大事なのは真実を明らかにすることであった。そのために質問にも文章にも気を配らなければならず、予想以上に骨の折れる作業になってしまった。

娘さんと会ってから二時間ほどであったが、そこには被害者と警察官の関係があっただけであった。供述調書の作成を終えたとき、なぐさめの言葉をかけたいと思ったが適当な言葉が浮かんでこない。

ふと、考えついた。

「幸いに未遂に終わったけれど、起きてしまったことは取り消すことはできないんです。精神的な苦痛は簡単にはぬぐうことができないと思いますが、このことを糧にしてこれからの人生に役立てるように考えたらどうですか」

娘さんがどのように受けとめたかわからない。

犯人が親切そうに見えたと言っていたが、見ず知らずの人の車に乗ってしまえば監禁されたのと同然である。大久保清事件では、若い女性が画家を名乗った男にモデルになってくれませんかと誘われている。喫茶店でコーヒーを飲みながら、詩や音楽などの話を聞かされて山の中のアトリエにいくことも疑わず、強姦され殺されて埋められている。テレビも新聞も大々的に報じていたが、娘さんはそのことを忘れてしまったのだろうか。

当時、バス停留所には三人の男女の老人がいたというが、どこのだれかはわからない。白っぽい自動車は多いし、犯人の人相だってはっきりとは覚えていないという。続発するおそれのある事件であり、どのような捜査をするか、さまざまな面から検討された。

自動車の種類も犯人の人相もわからないし、手がかりになるものは皆無にひとしかった。被害者の抵抗が激しかったとしても、犯人は途中で断念している。ことによると気の弱い男かもしれないし、犯罪歴はないかもしれず、そうなると捜査がより困難になってくる。

ここで考えついたのが「おとり捜査」である。原則的には禁止されているが、雨の日に私服になった婦人警官をバス停留所で立ってもらうことにした。これが禁止されているおとり捜査にあたるかどうかはわからないし、犯人がどこを通るかもわかっていない。通ったとしても声をかけられなければ空振りになってしまい、一種のカケみたいなものであった。

雨の日、何回かつづけたものの声をかけられることがなく、あきらめかけていたときに白い乗用車がバス停で止まった。

「家まで送ってあげましょうか」

「バスで帰りますから結構です」

執拗に誘うこともなく、そのまま走り去ったため犯人のイメージを抱くことができなかったという。それでも自動車のナンバーや男の人相や服装などがくわしく報告され、男について内偵することになった。

自動車の所有者は、中堅の会社に勤務している二十六歳の独身の男性であり、犯罪歴はなかった。男の顔写真を入手して被害者に見せたがわからないといい、同種の自動車の後部座席に乗ってもらったが、これもはっきりしない。

男には悪い評判は一つもなく、おとなしくて礼儀ただしく、模範的な青年といわれていた。殺人などの凶悪な犯人のなかにも、世間の人たちからはまじめと見られていた人が少なくなく、世間の評判があてにならないことを経験によって知っていた。それだけでなく、被害者から間違いないと証言されても誤認逮捕につながるケースもまれにはあり、慎重に捜査をすすめることにした。

自動車の尾行は困難であったし、張り込みをしても不審な点が見つからない。捜査には根気が必要とされているが、打ち切るかつづけるかが検討される時期に差しかかってきた。まじめに勤務しているし、悪い評判は何一つないから犯人ではないという意見と、私服の婦人警官に声をかけているし、呼び出して事情を聴くだけだったら問題はないんじゃないか、という二つの意見に分かれた。

「取り調べではなく、アリバイの有無を聞くだけだから問題はないのではないか」

課長のこの一言で任意出頭を求めて事情を聴くことになった。用件を告げて会社の休み日に出頭するよう、電話によって呼び出しをした。

Aさんは、部屋に入ってきたときからおどおどしていた。先入観を抱くのは禁物とされているが、多くの人に接してきたため人の見方がわかるようになっていた。

「いそがしいところを呼び出し、申しわけありません。実は、六月二十三日の午後六時三十分ごろ、あなたが、どこで何をしていたか、そのことが知りたいのです」

返事をする前に少し間があった。

「三週間以上も前のことですし、よく覚えていませんが」

「雨が降った日のことですが」

「いつも仕事が終わると真っ直ぐに家に帰っていますから、その日もそのようにしていると思います」

これがほんとうなら犯人でないことになる。だが、雨の日と言ったとき、男が動揺していたのを見逃さなかった。

「雨の日に、バス停留所にいた若い女性に声をかけたことはありませんか」

「そのようなことをしたことはありません」

ウソ発見器では、いろいろの質問をしてウソかどうか判断をしていくが、取り調べにあっても、さまざまな質問をしながら相手の態度や出方を観察した。

「先日、雨が降った日の夕方、S町のバス停留所にいた女性に声をかけたことはありませんか」

ふたたび、同じような質問をした。

「そのようなことはしていませんよ」

「あなたの車に乗った人から声をかけられた娘さんがいるんですよ。だれかに自動車を貸したことはありませんか」

「ありませんが」

返事をするまでに少しばかり間があった。

「すると、あなたの車はあなたが運転し、だれにも貸していないわけですか」

「貸したことはありません」

「そうなると、あなたの車に乗った若い男に声をかけられたという女性の証言が間違っていたことになりますが」

どのように返事をしてよいか迷っているらしかった。

「送ってやろうと思って声をかけましたが、断られたので乗せていません」

これは婦人警察官の話に合致していた。

「そのほかには、声をかけた女性はいませんか」

「おりませんが」

川原まで連れていって乱暴しようしたことはありませんか、と質問したかったが、誘導尋問になるおそれがあったために取りやめた。

「ほんとうに、ほかには女性に声をかけたことはないんですか」

念を押すように質問すると、男は小刻みに震えて声が出せなくなっていた。

常習者であったら平然と否認するかもしれないが、気の弱そうな男はおどおどするばかりでしゃべることができなくなった。このようなときに罪の重大さを知って否認を貫く者もいるが、この男が何を考えていたかはわからない。

「イエスか、ノーか、それも答えることができないんですか」

「ほんとうに申しわけありません」

「申しわけないと言っただけじゃ、何をしたかわからないじゃないですか」

「女性を利根川の川原に連れていき、乱暴しようとして逃げられたことがありました」

「どのような女性か、覚えていますか」

「はっきりしたことはわかりませんが、身長が百六十センチぐらいでやせ型でした。細かい柄のある白っぽいワンピースを着ていたような気がします」

男が案内した現場は、先に被害者に案内してもらった現場とほぼ一致しており、犯人であることがほぼ確認された。

「どうして女性に乱暴しようとしたのですか」

「おれには女の友達がいなかったし、一度でいいからセックスしたいと思ったのです。そのためにバスを待っている娘に目をつけ、送ってあげましょうか、と言って車に乗せることを考えついたのです。いままで何度か声をかけましたが、いつも断られており、一回だけ乗せた女性にも逃げられてしまったのです」

被疑者がこのように供述したため、さらに取り調べがつづけられた。被疑者の供述を裏づけていくと、すべてが事実に間違いのないことがわかったが、余罪があるかどうかはわからない。

困難が予想された事件であったが、考えだされた「おとり捜査」によって解決することができた。気の弱い男は性の欲望に打ち負かされ、徹底して否認することもできずにしぶしぶ犯行を認めた。検挙に勝る予防はないといわれているが、早期に検挙できたことはつぎの犯罪の予防に役立ち、Ａさんにとってプラスだったかもしれない。

三一　痴漢の代償

犯罪捜査に携わっていると、世の中の隠された部分をのぞいたり、恥部に触れたりすることがある。犯人が検挙にならないと人の目にさらされることはないが、検挙になると大きく大きく報道されたりする。このような事件の取り扱いはむずかしく、人権問題がからむために新聞発表も慎重になされて隠されてしまう部分もあった。

ある日、五十をいくつか過ぎている男が弁護士にともなわれて警察にやってきた。態度や服装などによってどんな用件か見当がつくようになったが、何もしゃべろうとしないため弁護士さんがかいつまんで話をした。

「この人は小学校の教頭先生ですが、若者に電話で脅されているというので相談に見えたのです。いろいろと話を聞いたが簡単に処理できる問題ではなく、警察に届け出たほうがよいと思って一緒にやってきたのです」

しゃべりにくい事情があったらしかったが、本人から事情を聞くことにした。

「どうして若者に脅されるようになったのですか」

「二か月ほど前のことですが、映画を見にいったとき、隣の席にいた若い娘さんに手を出してしまったのです。連れの男がいたのに気がつかなかったものだから、つい、体に触れてしまったのです」

「どのように触れたのですか」

「手を握ろうと思って探しているうちに大腿部に触れてしまったのです」

とぎれとぎれにこのように言ったが、くわしくは語ろうとしない。

「映画館の中でのことはのちほど聞くとして、どうして金を脅し取られたのか、そのことを話してくれませんか」

「それがよくわからないんです。娘さんの大腿部に触れたものだから娘さんは席を移してしまったのです。映画が終わったので駐車場にとめてあった車を運転して家に帰りましたが、その日は何事もなかったのです。翌日、昼休みのときに学校に電話があり、『ゆうべは映画を見にいきませんでしたか』と聞かれたのです。とっさのことであり、行きましたがと返事をすると、すぐに電話を切ってしまったのです。若い男の声でしたが、名前も用件も告げなかったため、どうして電話をかけてきたかわからなかったのです」

「その後、どのようになったのですか」

「二週間ほど前のことでしたが、『どうしておれの女に手を出したんだ。落とし前として五十万円を出してもらいたいんだ。いやだというんなら、教育委員会に話してクビにしてやるぞ』と脅しの電話がかかってきたのです。突然の要求だったものだから、そんな大金は持っていないからだめだ、と断ったのです。すると、『てめえのやっていることは、センコウ（先生）の面汚しだ。金が出せないというんなら、教育委員会に話すことにするまでだ』と怒鳴ったのです。教育委員会に話されては困るので、電話をしながら探りを入れたのですが、相手も警戒したらしく手がかりをつかむことができなかったのです。しばらく待ってくれませんか、と言って電話を切ると、二日後にふたたび電話がかかってきたのです」

「そのとき、どのような返事をしたのですか」

「返事をしないで黙っていると、『F銀行のM支店にGという名の普通預金口座があるから、それに五十万円を振り込め。あすまでに振り込まないとなると、そのときは教育委員会に話すことになるぞ』と言って電話を切ったのです」

「言われるとおり、口座に五十万円を振り込んだわけですか」

「教育委員会に知らされては困るため、振り込んでしまったのです」

「振り込んだというのに解決しなかったんですか」

「解決されるものと思っていましたが、半月ほどしたとき『五十万円では足りないからあと五十万円を振り込んでくれ。あすまでに振り込めば、こんどこそ勘弁してやるよ』と言ってきたのです。脅しの電話をかけているのがだれかと思い、銀行へいって調べ、男の住所へいったのですが、そこにはだれも住んでいなかったのです。ずるずると金を要求されてしまうと思って弁護士さんに相談すると、警察に届け出た方がいいと言われ、このようにしてやってきたわけです」

「電話をしてきた男に心当たりはありませんか」

「学校のことをよく知っており、卒業生ではないかと思います。教育委員会に知られたくないために金を出しましたが、このことが公になってクビになっても困ってしまうので内密に調べてもらいたいのです」

銀行ではキャッシュカードの申し込みを受け付けたとき、原則としてカードを郵送することになっていた。ところが、若い男は行員に対し「仕事に出かけていて留守にしており、郵送されても困るので受け取りにあがります」と言って窓口で受け取っていたことがはっきりした。

銀行の申込書に記載されていた文字はわざと筆跡を変えていたらしく、それから犯人を割り出すのが困難であった。それだけでなく、日時が経過していたために伝票から指紋を採取することもできず、銀行の窓口事務をしていた女子行員も犯人の人相などについてよく覚えていなかった。

念のために銀行に届けていた住所地にいって付近の聞き込みをしたが、犯人と思われる男を割り出すことはできなかった。五十万円が払い戻されていたのは都内の銀行であり、捜査の資料が少ないため、電話がかかってきたとき録音しておくように頼んでおいた。すると数日後、学校に電話がかかってきたので自宅にかけ直すように話し、録音に成功したといい、先生が持参してきたテープを何人かの捜査員で聞いた。

「承知するのかしねえのか、どっちなんだ。それとも、教育委員会に知らせてもいいというんかね。あと五十万円を出せば、今度こそ勘弁してやるよ。振り込むか、教育委員会に知らせた方がいいか、お前の出方によってどうにもなるんだぜ」

「そうたびたび要求されたって、金の都合がつかないんだよ。あなたの普通預金口座を調べたけれど、そこにはだれも住んでいないじゃないですか。もっと金を出せというんなら、電話ではなく私のところにやってきたらどうですか。もう、電話の要求には応じることはできませんね」

「ふざけたことを言うじゃないか。てめえのようなセンコウがいるから、おれみたいに出来の悪いやつになってしまうんだぞ。勘弁してくれといっても、金を振り込まなければ勘弁できないね」

「いくら勘弁できなくても、こっちだって腹を固めてしまい、警察に届け出て調べてもらうことにしたんだ」

　録音されていたのはこのような内容であり、テープが貴重な資料となった。多くの刑事や防犯係に録音されたテープを聞いてもらったが、該当するような人物は浮かんでこなかった。さらに捜査をすすめたが、被害者が警察に届け出たと話したせいか、その後は脅迫の電話はなく、教育委員会に知らされることもなかったという。

　性にまつわる犯罪は少なくないが、名誉や地位や職業に関係なくあらゆる階層で起きている。多くの人は性のコントロールができるが、若い者だけでなく年配の人にも抑え切れずにはみ出すような人もいる。被害者に落ち度がなくても警察に届け出ないこともあり、すべて表ざたになるわけではない。

　犯人が検挙できないために記者発表できなかったが、この男が検挙になれば発表せざるを得なくなる。これから犯人がどのような行動をするかわからないが、五十万円は痴漢の代償といえなくもなく、先生の反省材料になったのではないか。捜査は時効になるまでつづけられることになるが、他の事件に追われて捜査に専従できなくなってしまい、現状は先生が望んでいる方向にすすみつつあった。

三二　真冬の連続放火事件

火災が発生すると、建物が焼失するだけでなく、ときには人命が失われたりする。失火であるのか、放火であるのか、それとも他の原因があるのか、それを明らかにしていかなくてはならない。ところが、証拠物が焼失するだけでなく、消火活動によって資料が破壊されてしまうために原因の究明が困難になる。焼け跡から微量の油が発見されたり、火の気のないところから出火していたり、直前に多額の保険がかけられていると放火を疑って捜査が開始される。

防火や消火に当たるべき消防団員が自ら放火し、真っ先に現場に駆けつけて消火活動に従事していた事件もあった。放火の原因にはいろいろあるが、世の中に対する不平や不満であったり、いやがらせであったりする。うっ積したストレスを発散させるためであるとか、人が騒ぐからおもしろいとなると連続放火につながることが多い、

年末には警戒が実施されていたためか、大きな事件や事故の発生はなかった。ところが一月一日の夜、自動車のシートが燃えるという火災が発生し、交番に届け出があった。放火の疑いで本署に報告されたため、当直の刑事が実況見分をしたが、放火の疑いがあったものの、被害が軽微であったために本格的な捜査はなされなかった。

一月の十一日の夜、会社員宅の物置の軒下の紙袋が燃やされるというボヤが発生した。発見が早かったため一部を燃やしただけであり、だれかのいたずらとして充分な捜査は行なわ

れなかった。一月の十六日の夜、バイクのシートが燃えるという不審火があり、連続放火の疑いがあったために捜査一課が捜査に乗り出した。

一月十九日の午後八時十分ごろ、繁華街の一角にあるごみ箱の付近から出火して住宅一棟を全焼させた。ごみ箱に捨てられたたばこの吸い殻が原因という見方もあったが、この家ではたばこを吸う人はいないし、多額の保険もかけていない。明らかに火のないところからの出火であり、放火の疑いで本格的な捜査が開始された。翌日の夜にも駅近くの物置から出火し、一棟が全焼したため一一〇番通報があった。

連続した放火に間違いないことがはっきりし、他の係員も動員されて夜間のパトロールが強化された。その合間をぬうようにして物置や空き家に放火するという事件が発生したが、犯人を目撃した者はいない。

やじ馬にまぎれて燃える火を見ている放火犯人もいるため、見物人をふくめた現場写真を撮ったりした。サイレンの音に快感を覚える愉快犯がいることもあり、さまざまなケースを考えながらの捜査となった。

一月二十二日の午後十時五分ごろ、住宅街に空き家の住宅一棟が全焼するという火災が発生した。放火と断定する資料は見つからなかったが、家人が住んでいなかったため放火の疑いがあった。火は走るといわれており、焼失の度合を調べることによって出火場所を推定することにした。綿密な実況見分をしたところ、火の気のない家の北側の窓の付近から出火したものと思われた。

この日は、朝から降り出した雪が夜間になるとかなり積もっていた。雪の上にくっきりといくつもの靴の足跡が残されており、警察犬が足跡をたどっていったが、交通がひんぱんな道路に出ると迷ってしまい、追跡を断念せざるを得なかった。

雪の上についていた足跡ははっきりしており、石膏によって採取して調べると、W社製の防寒靴とわかった。大きさは二十六センチであったが、あちこちで売られていたために売り先はわからない。

ただちに警察署に「連続放火事件取締本部」が設置され、多数の警察官が捜査に従事することになった。昼間は聞き込みにあたり、夜間は張り込むという仕事がつづくようになり、周辺の町でも自警団がつぎつぎと組織された。放火の防止と犯人の検挙が本格化していったが、犯人は張り込みの網にもかからなかった。

取締本部が設置された三日後の二十五日、午後八時ごろに倉庫内の圧縮故紙や軒下の洗濯物が燃えるという火災があった。引き続いて二十七日の午後八時四十五分ごろ、製紙会社の社長さんの自宅軒下から出火したが、発見が早かったために大事にいたらなかった。このとき、自転車で逃げていく若い男の人影を見た人がいたが、暗闇だったために犯人の特徴などはわからない。

翌日の晩、警戒中の警察官が出火の現場に向かう途中、自転車に乗った若い男とすれ違った。不審の点がなかったために職務質問をしなかったが、年齢が三十歳前後で頭髪は短く、黒っぽいジャンパー姿であったことをうろ覚えしていた。

空き家や物置だけでなく住宅が燃えるという火災が発生したため、その都度、実況見分をして原因の究明がなされた。連続放火にまぎれて放火する犯人がいることも考えられたため、どの火災現場からも証拠を収集し、放火か、失火かを明らかにしていった。

参考書によると、放火は初心者や若者に多いだけでなく、精神薄弱者、知能劣等者や病的な者による放火もあるという。動機の面からすると、家庭内の不和、職場に対する不満、失恋や学校への不満や経営不振、怨恨などがあげられているが、このようなことが参考になっても犯人を割り出すのは容易ではない。

同一の犯人の仕業と思われる放火は、市街地を中心として南方の一・五キロメートルの範囲に集中していた。出火場所からして自動車を利用していることは考えられず、バイクか自転車を利用している公算が大きかった。そのために火災現場に向かうとき、すれ違うバイクや自転車に乗った男を職務質問したり、身体的特徴や服装などをできるだけチェックすることにした。

このようにして捜査をつづけると、年齢が三十歳前後であり、身長が百六十五センチぐらいで茶色っぽいジャンパーを着て防寒靴を履いている男が捜査線上に浮かんできた。放火犯人が複数いるかもしれないし、服装や履物を変えることもあり、職務質問によって犯人が検挙できるとはかぎらなかった。

雪の日でも雨の日であっても、暗くなると大勢の警察官が私服になって張り込みに従事した。空っ風が吹きつける寒さに震えても動くことができず、物陰に隠れてじっとしていなくてはならなかった。身も心も凍りつくと思われてもそこを離れることができず、火の手があがれば現場に駆けつける途中で不審者の職務質問をした。

警戒が強化されているのをさとったのか、数日間、火災の発生を見ることがなかった。ところが二月一日の夜、市街地から四キロメートルほど離れた集落の新築の木造二階建ての家屋が全焼した。火の気のないところから出火しており、放火と失火の両面で捜査することになった。そこには防寒靴の足跡はなかったし、郊外であったから同一犯人の仕業と考えることはできなかった。

二月四日の夜、空き家が燃えるという放火が発生し、聞き込みによって目撃者から話を聞くことができた。

「火をつけたのは若い男であり、長髪で黒っぽいアノラックを着ていました。暗かったので人相はよくわかりませんでした」

この情報は犯人に直結する貴重なものであったが、自転車を利用していたか、防寒靴を履いていたか、それを明らかにすることはできなかった。

たくさんの警察官が張り込みをしたり、聞き込みをしたために犯人像が浮かんできた。年齢が二十五歳前後であり、長髪で防寒靴を履いて自転車に乗った男が放火したところを目撃されていた。

逃走方向からして駅の南に住んでいると思われたため、ローラー作戦を展開することになった。数日間の巡回連絡によって何人かの不審者が浮かんできたが、内偵して容疑がなくなるとリストから落としていった。窃盗の前科のある男もリストに載せられたが、アリバイがあったが、最後までのこったのがFアパートに住んでいるNさんであった。

Nさんには犯罪歴がなく、ようやく手に入れた中学校の写真を目撃者に見せたが確認にはいたらない。Nさんの内偵をつづけると、夜間、自転車で外出することが多かったが、尾行が困難であった。そのためにFアパートの周辺で張り込みをつづけ、何日の何時ごろ、どんな服装でアパートを出ていき、何時に戻ったかを記録していった。

　二月十五日の夜、物置が燃えるという火災があった。実況見分をすると火の気のないところから出火していたが、足跡もなければ不審者を見た者もない。この日Nさんは、火災発生時刻の四十分ほど前に自転車でアパートを出ており、出火した十五分後にアノラック姿で戻っていたことがわかった。

　その三日後の夜、Nさんが外出していたとき、市内の繁華街の飲食店のごみ箱が燃えたり、映画館のポスターに火がつけられた。いずれも通行人によって消し止められたが、出火する直前に若い男が自転車で立ち去るのが目撃されていた。

　目撃者の主婦の話を聞いた。

「道路を歩いていたときに火の手があがり、自転車で立ち去っていく男が見えたのです。火をつけたところを見たわけではありませんが、とっさに、その男が火をつけたのに間違いないと思ったのです。後ろ姿しか見えなかったが、黒のアノラックを着ており、比較的小柄の男のようでした」

　出火したのが午後八時三十七分ごろであり、Nさんがアパートを出たのが午後七時五十分であった。自転車で帰宅したのが午後八時四十九分であり、Nさんのアリバイを調べることにした。このときも黒のアノラックを着て防寒用のサンダルを履いていたため、容疑がますます濃厚になってきた。

　Nさんは、昼間は子どもと遊んでいることもあり、広場からNさんが履いているサンダルと同型の足跡を見つけることができた。管理人の立ち会いによって足跡を採取し、先に採取した雪の上の足跡と同一であるかどうか鑑定してもらうことにした。

鑑定の結果、広場で採取した足跡と雪の上で採取した足跡が同一であることがわかった。

二度の放火のとき、Nさんは黒のアノラックを着て自転車で外出していた。容疑がますます濃厚になり、連続放火がさらにつづくおそれがあったため、白黒をつける必要にせまられて任意同行を求めることにした。

二人の刑事がFアパートに出向き、Nさんに事情を告げた。

「火事の現場に防寒用のサンダルの跡があり、Nさんの履いているサンダルと同じものかどうか確かめたいんです。本署まできていただけませんか」

「はい、わかりました」

素直に返事をし、本署までやってきた。

「雪の日に火災が発生したが、その現場に防寒用サンダルの足跡があったのです。Nさんが履いている防寒用のサンダルと同じかどうか比べたんですが、ちょっと脱いでくれませんか」

Nさんがサンダルを脱いだため、雪の上から採取した足跡と照らし合わせた。

「このように足跡が一致していますが、雪の日に火災の現場にはいっていませんか」

「いっています」

「何をするためにいったのですか」

「むしゃくしゃしていたため、ライターで火をつけたんです」

否認するものと思っていたが、あっさりと自供した。

早速、逮捕状の請求となり、通常逮捕して本格的な取り調べがはじまった。

「火をつけるとき、歩いていったんですか」

「歩いていったこともあるし、近所の人から自転車を借りたこともあったよ」

「あちこちの火災現場に防寒用のサンダルの足跡がありますが、そこへはいっていませんか」

「いつも防寒用の靴を履いており、あちこちで火をつけているよ」

「どうして火をつけていたんですか」

「子どもにはばかにされるし、仕事もなくて家賃も払えなくなり、むしゃくしゃしたときに火をつけるとさっぱりしたんです」

近所の子どもたちと遊んでいたとき、ばかにされたり、からかわれたりしていたという。気がよわいために怒鳴りつけることも、殴ることもできなかったためにストレスがたまるようになったらしい。

「どうして正月の元日から火をつけるようになったんですか」

「みんながたのしそうにしているのを見ると、腹が立ってきたのです。自転車を借りて街に出かけていき、バイクのシートにライターで火をつけたらすっきりしたんだよ」

「どうして、ごみ箱や物置に火をつけていたんですか」

「人が住んでいる家に火をつければ、人が死ぬかもしれないと思ったからさ」

「どうして、いつまでもつづけていたんですか」

「初めは憂さ晴らしだったが、人が騒ぐとおもしろくなったんだよ」

Nさんは、思ったことも口にできないようなタイプであり、放火犯人のイメージを抱くことができないような人物であった。子どものころからいじめられ、大人になってからも子どもにばかにされてきたため、心がゆがめられていたのかもしれない。失業するとストレスがたまって発散させるために火をつけ、人が騒ぐのがおもしろいとなるとブレーキをかけることができなくなっていた。

被疑者が検挙になると、あんなにおとなしい人がどうして放火をしたのだろうか、という声が聞かれた。この男がどのように見られていたかわからないが、放火犯人のレッテルをはられることになった。乱暴な人はすぐにうっ憤を晴らすことができるが、おとなしい人は抱えてしまう傾向がある。ストレスがたまると自殺する人がいたり、犯罪に走ってしまう人もおり、発散の仕方はさまざまである。

ふつうの人は、子どもからかわれただけで放火を考えることはないが、Nさんにとっては重大な問題であったのだ。

逮捕された被疑者は検察庁に身柄を送られ、裁判官の勾留状を得て引き続いて取り調べを受けた。放火事件はいくつも発生していたが、防寒靴の足跡があったり、Nさんの説明によって明らかになったものは追送致された。

連続した放火犯人が逮捕されたため、ホッとさせられた市民は少なくなかったが、近所ではNさんを憎む声は聞かれなかった。連続放火が凶悪な犯行であることは間違いないが、Nさんにはおとなしいという印象しか持つことができなかった。Nさんが精神異常者であるかどうかわからないが、心身こう弱者と認められれば減刑の対象になる。

三三　幻覚におびえた男

一一〇番通報はさまざまであり、ときにはいたずらということもある。

当直勤務についていたとき、一一〇番通報があった。

「私はK町のFという者ですが、いま、表の雨戸をたたき、おれは人に追われている、殺されてしまうとわめいている者がいます」

くわしい話ができないらしかったが、一一〇番を傍受したパトカーが現場に急行し、本署からも捜査員が急いだ。付近を捜したが男を見つけることができす、一一〇番をしてきた主人に話を聞いた。

「殺されてしまう、殺されてしまうと言って雨戸をたたくものだから女房も起きてしまい、二人で表に出たときには男の姿が見えなかったのです。どんな人か確かめてから電話すればよかったのですか、こわかったのですぐに表にでられなかったのです」

だれかが雨戸をたたいたことは間違いないが、パトカーが駆けつけたときには男の姿が見えなかった。殺人事件に発展する恐れがあったため、手分けをしてくまなく捜すと、物陰で何かが動く気配がした。懐中電灯を照らしながら近づくと逃げ出したため、追いかけて取り押さえた。

「どうして逃げたんですか」

「おれは殺されてしまう」

「ここにいるのはみんな警察官だし、殺される心配はないよ」

制服の警察官を見てもおびえているらしく、殺されるを連発していた。住所や名前を尋ねても返事をせず、このままではどんなことが起きるかわからないため、保護することにして警察に連行した。

警察署にやってきてからも殺されるとわめいており、覚せい剤の中毒と思われたので当直についていた保安係がやってきた。

「おまえはAではないか。また、覚せい剤をやったんか」

「覚せい剤なんかやっていないよ」

顔見知りの巡査に声をかけられたため、少しは正気に戻ったらしかった。

「やっていないんなら腕を見せてくれないか」

右腕を見せたが、そこには注射の跡がなかった。

「左腕を見せてくれないか」

いやいやながら見せると、そこには注射と思われる跡が見られた。

「検査をしたいから小便を出してくれないか」

「いまは出ないよ」

「やがて出るようになるよ」

「どのように言われても出せないね」

「出せないというんなら、裁判官の令状を取って強制的に採取するよ」

「そんなことをされたんじゃ痛いから小便を出すことにするよ」

男が承諾したので書類にサインさせたが、どこまで任意なのかはっきりしない。尿が提出されたため係員が予備試験を行なったところ、フェニチルメチルアミノプロパンおよび塩類が含まれていることがわかつた。

「尿を検査したところ、覚せい剤を使用していたことがわかったよ。今回も注射したことは間違いないのかね」

「そこまでわかったんでは否認もできないね」

警察官職務執行法によって保護することにしたが、男が承諾したために尿を採取した。男にどれほど判断能力があったかわからないが、形式的には尿の提出は任意になされたことになっていた。

男は覚せい剤取締法違反で逮捕されたが、知らない男から買ったというばかりであり、引き続いて取り調べを受けることになった。

覚せい剤は中枢神経を刺激する効果があるといわれており、陶酔感やそう快感を味わうことができるという。ところが効力が失われると、疲労感を覚えたり、うっとうしい気分にさせられるという。

どんなにまじめな人間でも覚せい剤の中毒になると、家族や知人の見分けができなくなり、狂暴性をおびるようになる。この男だって殺されるとわめいており、警察にいるんだから心配はないと言い聞かせても理解できなくなっていた。被害妄想にかかったり、幻覚におびえるようになると何をしでかすかわからない。

覚せい剤が廃人同様にしてしまうのに、どうして後を絶つことができないのだろうか。意思が強い人でもクスリの誘惑に負けたり、暴力団に脅されて手を切ることができない者もいる。いくら理性的な人であっても、神経が侵されてしまっては自らコントロールできなくなる。覚せい剤の取り締まりは厳しくしなければならないが、どんな犯罪者に対しても人権の尊重を忘れたくないものである。

三四　脱獄した二人の凶悪犯

凶悪な犯人が逮捕になり、起訴されると公判が開かれ、有罪か無罪か争われたりする。懲役刑が言い渡されて執行猶予にならないと刑務所に収容され、強制労働に従事させられたりする。仮出所になることもあるし、満期になれば釈放されて自由な身になることができる。刑務所では社会復帰を容易にするため、職業訓練や矯正教育が行なわれているというが、社会が温かくむかえてくれるとはかぎらない。

人間の欲望である性のはけ口がないため、同性愛によるトラブルが起こることもあるという。酒を飲むことも覚せい剤を打つこともできず、欲望のはけ口がいろいろの形になって現れるらしい。一年や二年の刑なら我慢することができても、十年や二十年となると前途に絶望し、脱獄を考える受刑者が出ても不思議ではない。

あすは三月のお節句だという前の日、M刑務所から二人の凶悪犯人が脱走したため一一〇番通報があった。一人は傷害と強盗の罪のRさんであり、もう一人が殺人未遂で服役していたKさんであり、どちらも二十七歳であった。警察に知らせてきたのは三十分ほど遅れた午後四時四十五分であり、ただちに緊急配備が発令された。各所で検問が実施され、警察犬も動員されて脱走犯人の追跡がはじまった。

　この刑務所は明治二十一年に開所し、昭和四十六年に大改装された。独居房と雑居房と合わせて二百五十八房があり、未決囚を含めて六百二十三人が収容されていた。一昨年暮れからB級の服役者が増加し、凶悪犯人や再犯のおそれのある受刑者が九十パーセント以上を占めていた。

　所長以下二百七名の職員がおり、百七十人の刑務官が働いていた。独居房に入れられている服役者を除き、受刑者は所内の九つの工場に分散して作業に従事していた。刑務官の一人が監視に当たり、もう一人が各工場の巡回をしており、建物の外を見渡せる塔で看守が見張っていた。

　脱走した二人が作業していたのは、第八木工工場であり、三十三人が作業中であった。二人は作業の終了間際、二人の刑務官が工具を点検していたとき、工場内の一角にある塗装室の換気の格子をはずして工場の外に出た。

　服役してからほとんど同じ工場で作業してきたため、二人とも工場内の様子を熟知していたらしい。脱走用に使った七メートルのはしごは半製品として工場内に隠しておき、外の松の植木の陰で数分で組み立てていた。

　二人が逃げた換気口の西側には、突き出た排気筒があったから東塔の死角になっていた。はしごを登る二人を発見したのが遅れただけでなく、非常ベルにはけんか、火事や脱走の区別がなされていなかった。係官だけで犯人を捕まえようとしたため、警察への通報が遅れたために犯人の逃走をより容易にしていた。

一人は背が高く、もう一人はやや小柄であり、ともに囚人服を着ていたから目立っていた。犯人はどこへも逃げることができ、隠れることもできたし、盗みに入って変装することもできた。犯人が逃走してからすでに三十分が経過しており、警察官は目撃者を捜しながらの追跡であったから後手後手になっていた。

捜査をくらますために別々に逃げたり、自動車を盗んだり、通行中の車両をとめて逃走することも考えられた。

多数の自動車が通行している道路のためか、動員された警察犬は充分に活躍することができなかった。警察犬も警察官も迷っただけでなく、目撃者さえ見つけることができなくなったため、逃走犯人との差は開くばかりであった。

主要道路の辻々に検問員が配置され、貨物自動車の荷台まで綿密に調べをしたから交通の渋滞をきたした。網の目をくぐって逃走するのは困難な状況であったが、犯人がどこへ隠れてしまったのか、情報がぷっつりと途切れてしまった。

テレビやラジオが脱走犯人のニュースを流しはじめると、たくさんの情報が寄せられるようになった。だれもが恐れていたのが、追い詰められた凶悪犯人によって二次の犯罪が起こらないかということだった。広報車が市内を走りまわり、脱走犯人に対する注意をうながしたから、より市民の不安をあおることになった。

いつまでも検問はつづいていたし、犯人が隠れていそうな神社仏閣や空き家などをしらみ潰しに捜したが、犯人の手がかりを得ることができない。

午後十時になったとき、翌日の当番員のみ解除になり、捜査員にパンと牛乳が支給された。空腹を満たすことができたが、冷たい牛乳が腹の中に入ったからより震えが増すようになった。午後十一時を過ぎたとき、工業団地を捜索していた捜査員が二人の不審者を発見し、職務質問をしようとして逃走された。暗闇のなかで見失ったため、多くの捜査員が工業団地の周辺を捜索したが発見することができない。

テレビが工業団地の捜索の状況を放映すると、県外の一市民から電話があった。

「たくさんの警察官が動きまわっていたのでは、犯人が残した臭いを消してしまうじゃないですか。私は警察犬の訓練士をしていますが、もっと警察犬が活躍できるようにしてもらいたいんです」

この日に活躍したのはシェパードであり、警察官が捜索にあたっているとき連れられてきて参加していた。テレビの放映はこのときになされており、警察犬が活躍しにくい状況にあったことは間違いなかった。

犬の臭覚力は人間の三千倍以上といわれており、聴力も人間よりもはるかにすぐれているといわれている。条件がよければ犯人を突き止めることができたかもしれないが、線路の手前で追跡をあきらめてしまった。

その直後、線路伝いに南の方に走っていく二人の男を見た、との一一〇番通報があった。警察犬もくわわってまたもや線路伝いに捜索が行なわれたが、どうしても犯人の発見にいたらなかった。第二の犯行を防止するために付近の警戒も実施され、犯人に振りまわされながら徹夜の捜索になった。

朝になると、家具工場でジャンパーやヘルメットが盗まれ、事務所のラーメンが食べられていた。犯人が変装していることがわかったが、逃走経路はいまだわからず、広範囲で検問や捜索がつづけられた。

休憩なしの捜査がつづけられたが、犯人はどこへもぐってしまったのか、情報が途切れてしまった。相変わらず検問と捜索がつづけられたが、犯人の手がかりはまったくなく、管外に逃走したことも考えられるようになった。

日中はなんの情報を得ることができなかったが、午後七時ごろ、工業団地から数キロ離れた地点で軽四輪のライトバンが盗まれたとの届け出があった。逃走犯人の仕業と断定することはできなかったが、ライトバンを重点に検問を実施していると、こんどは白っぽい普通乗用車の盗難の届け出であった。近くからライトバンが発見されたため、犯人は市街地に入って自動車を乗り換えている公算がつよくなってきた。

犯人が逃走してから三日目の朝、民家の主婦から一一〇番通報があった。

「玄関のブザーが鳴ったのでドアを開けると、いきなり若い男にナイフを突きつけられ、『静かにしろ、金を出せ』と脅されたため、さいふから二万円を取り出して渡しました。犯人は白っぽい小型のトラックでやってきましたが、助手席にもう一人が乗っていたようでした」

犯人の人相が似ていただけでなく、二人連れだというので逃走犯人かもしれないと思ってしまった。そのために白っぽい小型のトラックが手配されたが、被害者の話にいくつかの矛盾がみられるようになった。その点を追及すると、家庭内のトラブルを抱えての虚偽の申告と判明したために一時間ほどで解決となった。

逃走犯人が盗んだ自動車を乗り継いでいると思われたが、それを証明することはできなかった。管外に出たことも充分に考えられたが、それを明らかにすることができないため捜索をつづけざるを得なかった。

犯人が脱走してから三日目の午後三時ごろ、二人が千葉県下で逮捕された旨の連絡があり、長かった犯人の追跡劇に幕を閉じることができた。

護送されてきた犯人の供述により、逃走した径路がわかった。

「脱走してからどのようにして千葉まで逃げていったのですか」

「刑務所を抜け出してすぐに工業団地にいき、作業していなかった工場があったので逃げ込んで隠れていたのです。暗くなったので動きだしたら警察官に見つかってしまい、作業小屋があったのでそこに逃げ込み、腹ごしらえをしてから作業衣に着替え、ヘルメットをかぶって警戒の様子を見ながら線路伝いに逃げたのです」

「あちこちで検問をしていたが、引っかからなかったんですか」

「市街地から出る車を重点に調べていることがわかり、ライトバンを盗んで市街地に入ったのです。ライトバンがマークされているかもしれないと思い、白っぽい乗用車に乗り換え、人通りの少ない農村から山の中の道に入ったのです。栃木までいくと燃料が切れたため、ふたたび乗用車を盗んで千葉まで逃げていったのです。パトカーが見えたので横道にそれたために追跡され、職務質問されて捕まってしまったのです」

二人の被疑者は、逃走径路についてこのように語り、捜査のウラをかいていたことがわかった。千葉県まで逃げていったが、パトカーを見て横道にそれたのが運の尽きになってしまった。

主犯と思えるKさんの話を聞いた。

「刑務所に入れられては好きな酒を飲むこともできなければ、女を抱くこともできないんだよ。ムショ（刑務所）ではすべて決まった通りの生活をしなければならず、自慰行為をすれば処罰されるし、こんなことが何年もつづくかと思うといやになってしまったよ。R君の気心がわかって脱走の話を持ちかけて意気投合し、おかしなことに生活に張り合いが生まれてきたんだよ。まじめに作業するようになったから看守からも信用され、すきを見て抜け出すことに成功したが、このようになるまで半年ほどかかってしまったよ。高い塀を乗り越えたときはヤッタッという気持ちになったが、女を抱くことができずに三日で捕まったのが残念でならないんだ」

刑務所は、罪を犯した者を懲らしめるためだけでなく、更生をはかるための施設ともいわれている。シャバとムショを往復しているような常習者もいるが、ひょんなことから犯罪を犯した者などさまざまである。罪を犯したのだから刑務所に入れられるのは当然だ、と考えている人がいるが、その人たちにも人権があることを忘れたくないものである。

脱走犯人の追跡捜査は連日連夜の勤務になったが、予算措置が講じられていなかったため手当ては支給されなかった。それでも不平や不満を漏らす警察官がいなかったのは、使命感によるものか、宿命と思っているのかそれはわからない。

【著者紹介】
深沢敬次郎（ふかさわ・けいじろう）
大正14年11月15日、群馬県高崎市に生まれる。県立高崎商業学校卒業。太平洋戦争中、特攻隊員として沖縄戦に参加、アメリカ軍の捕虜となる。群馬県巡査となり、前橋、長野原、交通課、捜査一課に勤務。巡査部長として、太田、捜査二課に勤務。警部補に昇任し、松井田、境、前橋署の各捜査係長となる。警察功労賞を受賞し、昭和57年、警部となって退職する。平成7年4月、勲五等瑞宝章受賞。
著書：「捜査うらばなし」あさを社、「いなか巡査の事件手帳」中央公論社（中公文庫）、「泥棒日記」上毛新聞社、「さわ刑事と詐欺師たち」近代文芸社、「深沢警部補の事件簿」立花書房、「巡査の日記帳から」彩図社、「船舶特攻の沖縄戦と捕虜記」、「ベニア板の特攻艇と沖縄戦」「だます人　だまされる人」「女と男の事件帳」「捜査係長の警察日記」「詐欺師たちのマニュアル」「犯人たちの黒い告白」「ザ・ドキュメント否認」元就出版社、「沖縄戦と海上特攻」光人社NF文庫。
現住所：群馬県高崎市竜見町17の2

県警警部補の犯罪社会学

2016年10月15日　第1刷発行

著　者　深沢敬次郎
発行者　濵　　正史
発行所　株式会社元就《げんしゅう》出版社
〒171-0022 東京都豊島区南池袋4-20-9
サンロードビル2F-B
電話 03-3986-7736　FAX 03-3987-2580
振替　00120-3-31078
装　幀　クリエイティブ・コンセプト
印刷所　中央精版印刷株式会社
※乱丁本・落丁本はお取り替えいたします。

©Keijirou Fukasawa 2016 Printed in Japan
ISBN978-4-86106-250-6　C0095

深沢敬次郎

女と男の事件帳

戦後を生きた巡査の手記

敗戦の焼土と化した終戦直後から昭和三一年までに起きた女と男の事件を収録した。元巡査、刑事であった作家が、直接係った事件を克明な日記を基に再現した、男と女の関係。

■１５００円＋税

深沢敬次郎

犯人たちの黒い告白

捜査係長一六年間の事件簿

実録　犯罪ファイル。人はなぜ法を犯し、自らの人生を破滅に追い込むのか？　殺人、死体遺棄、連続強姦、詐欺、暴力団など、犯罪に手を染めた悪い奴らの肉声が聞こえる。

■１６００円＋税

深沢敬次郎

ベニヤ板の特攻艇と沖縄戦

附記・七〇年目に日の目を見た幻の「沖縄戦記」

敗戦再考！　元特攻隊員の現存作家書き下ろし。迎え撃つに武器なく、食糧は底をつき、飢えとの戦いの中にあって、逃亡か投降かの選択を迫られた兵士たちの生き地獄。

■１８００円＋税